Ulrike Schwarz

Die coolsten Vornamen für

Mädchen

Das aktuelle Namenbuch mit den
trendigsten Mädchennamen

Über 3500 Namen und Namensvarianten

Impressum

© 4. Auflage 2021 Ulrike Schwarz

Herstellung und Verlag: BoD – Books on Demand,

Norderstedt.

ISBN: 978-3-75280-551-2

Aaliyah / Aliya arab. „die Höchste"
Abbie / Abby Kurzform von **Abigail**
Abigail hebr. „Vaterfreude"
Ada hebr. „die Geschmückte"
Adalyn / Adalynne Variante von **Adeline**
Adanna nigerian./igbo „Vaters Tochter"
Adara hebr. „edel"
Addison / Adison / Addyson nach einem engl. Nachn.,
„Sohn des Adam"
Adelaide / Adélaïde „von edler Gestalt", frz. Variante
von **Adelheid**
Adele / Adela / Adèle frz./ahd. „edel"
Adelheid ahd. „edel, vornehm"
Adeline / Adelina „die Edle"
Adina „die Geschmückte", Variante von **Ada**
Aditi ind. „Freiheit, Geborgenheit"
Adora span. „die Begehrte", vom engl. *adore* „begehren"
Adria Kurzform von **Adriana**
Adriana /Adriane lat. „von der Adria stammend"
Adrienne / Adrianne frz. Formen von **Adriana**
Aelia weibl. Form von Aelianus, nach dem röm.
Rhetoriker Claudius Aelianus
Agatha / Agathe lat. „die Gute"
Aglaia griech. „die Glänzende"
Agnes von griech. *agnus* „Lamm" abgeleitet

Agnesa / Agneta slowak./schwed. Varianten von **Agnes**

Agrippina griech. „mit den Füßen voran geboren"

Ahin arab. „anspruchslos"

Aiana indian. „ewige Blüte"

Aida griech./arab. „Mondlicht"

Aiko jap. „Kind der Liebe"

Aila Variante von Eila, ahd. „Schwert"

Aileen / Ayleen engl./irische Variationen von **Eileen**

Aimee / Aimée frz. „die Geliebte"

Aina balear. Form von **Anna**

Áine gäl. „Strahlen"; Name der Feenkönigin der kelt. Mythologie

Ainara bask. „Schwalbe"

Ainhoa bask.; Name einer Stadt im Südwesten Frankreichs

Aino finn. „die Einzige"

Aisha / Aischa / Aysche türk./arab. „die Lebendige"

Aislin / Aislinn / Aisling / Ashling gäl. „Traum, Vision"

Aitana span. Name eines Gebirges bei Alicante

Akasha ind. „der Himmel"

Akasiya kurd. „Akazie"

Akazia, eine Baumart

Akelei, eine Blume

Alaia bask. „die Fröhliche"

Alameda span. „Allee"

Alana / Alanna / Alannah engl./irisch „liebes Kind"; weibl. Form von Alan

Alani hawaii. „Orange, Orangenbaum"

Alanis engl./irisch „liebes Kind"; weibl. Form von Alan

Alara Name eines Flusses in der Türkei

Alba span./lat. „die Weiße"

Alea lat. „Würfel"

Aleah engl. Variation von **Aaliyah**

Alaina / Alayna engl. Kombin. von **Alana** und **Elaine**

Aldana span. Erweiterung von Alda, germ. „die Alte"

Alem äthiop./amhar. „die Welt"
Alena alt-südslaw. Form von **Malena**
Aleph erster Buchstabe des hebr. Alphabets
Aleshanee indian./coosan „immerzu spielend"
Alessa ital. Kurzform von Alessandra
Alessandra ital. Form von **Alexandra**
Alessia Variante von Alessandra
Alexa Kurzform von **Alexandra**
Alexandra griech. „die Wehrhafte"
Alexandria Name einer Stadt in Ägypten
Alexandrine frz. Variante von **Alexandra**
Alexia frz./engl. Variante des Namens **Alexandra**
Alexis griech. Kurzform des Namens Alexander, „der
Wehrhafte"
Aleya türk./span.; von **Alia** und **Alea** abgeleitet
Aleyna altpers. „gesund und schön"
Ali engl. Koseform von Alison, Alexandra und anderen
Namen, die mit Al- beginnen
Alia hebr. „die ins verheißene Land Zurückkehrende"
Aliana / Alianna engl. Variante von **Eliane**; Kombination
aus **Ali** und **Anna**
Alica slowak. Variante von **Adelheid**
Alice frz./engl. „von edler Gestalt", Var. von **Adelheid**
Alicia engl. Variante von Alice
Alida „von hohem Wuchs"; altdt. Form von **Adelheid**
Alif erster Buchstabe des arabischen Alphabets
Alina Variante von **Adeline**
Alinda altdt. „die edle Sanfte"
Alis walis. Form von **Alice**
Alisa Variante von **Alice**
Alisha Variante von **Alice**
Alison / Allison norm./frz. „nobel"
Alissa / Alyssa russische Form von **Alice**
Alivia engl. Variation von **Olivia**
Alix altfrz. Form von **Alice**
Alizée frz. „Passatwind"
Alizia frz./hebr. „die Freude"

Aljona russ. „die Schöne"

Allegra / Allegria italienisch „die Fröhliche"

Alma got. „tapfer"

Almaz äthiop./amhar. „Diamant"

Almina engl. Verkleinerungsform von **Alma**

Almira span. Abk. von **Palmira**

Almond engl. „Mandel"

Aloe Name einer Heilpflanze

Alondra / Alandra span. „Lerche"

Alpha der erste Buchstabe des griech. Alphabets

Alraune Pflanze, deren Wurzel man früher Zauberkräfte nachsagte

Alruna „edler Zauber, Geheimnis"

Althea griech. „die Heilende"

Aluana Variante von **Luana**

Alva altgermanisch/nordisch „Fee, Elfe"

Alya hebr. „Gott lebt"

Alys Figur in der Fernsehserie *Game of Thrones*

Ama bask. „Mutter"

Amabel lat. „die Liebenswerte"

Amada frz./span. „die Liebenswürdige"

Amadea / Amedea lat. „die Gott Liebende"

Amai hebr. „die Begnadete, von Gott geliebte"; Variante von **Annemarie**

Amal arab./türk. „Hoffnung"

Amala ind. „die Reine"

Amalia ahd. „die Tapfere"

Amalthea Name einer Nymphe aus der griech. Mythologie

Amanda lat. „die Liebenswürdige"

Amandine frz. Verkleinerungsform von **Amanda**

Amani arab. „Wünsche"

Amara nigerian./igbo „Anmut"; span./lat. „bitter"

Amari / Amary / Amaris Varianten von **Amara**

Amaryllis griech. „funkeln"; Name einer Romanfigur bei Vergil; Name einer Blume

Amata lat. „Geliebte"

Amaya / Amaia bask. „das Ende"

Ámbar span. Form von Amber

Amber engl. „Bernstein"

Ambra griech. „unsterblich, göttlich", Kurzform von Ambrosia

Ambre frz. „Bernstein"

Amei Variante von **Amai**

Amelia „die Tüchtige"; Variante von **Amalia**

Amelie Variante von **Amalia**

Amethyst engl., Name eines violetten Edelsteins, des Geburtssteins für den Monat Februar

Ami engl. Variante von **Amy**

Amillia aldt. „die Kämpferin"

Amina altpers. „Prinzessin, Schönheit"

Aminata arab./suah. „Gelassenheit"

Amira / Amirah arab./pers. „Prinzessin, Herrscherin"

Amisa alban./bosn. „die Unvergleichliche"

Amit hebr. „Freund"

Amita hebr. „unendlich"

Amparo span. „Schutz"

Amrei bayr. Kosename für Annemarie

Amy engl. Kurzform für Amata, lat. „die Geliebte"

Ana slaw. / span. Form von **Anna**

Anabel span. Form von **Annabella**

Anael Name eines Erzengels

Anahi „Mais"; Name einer indian. Tupi-Prinzessin

Anaïs „die Anmutige, Begnadete"; span./frz. Variante von **Anna**

Ananda / Anandi ind. „glückliche Seele"

Anastasia griech. „die Auferstandene"

Andrea griech. „tapfer"; weibl. Form von Andreas

Andrée frz. Form von **Andrea**

Andrina engl. Variante von **Andrea**

Andromeda Tochter König Kepheus' aus der griech. Mythologie

Anemone dt. „Buschwindröschen"

Angel engl. „Engel"

Angela „weibl. Engel"
Angelika / Angelica lat./griech. „engelsgleich"
Angelina ital./span. Kosename von **Angela**
Angeliki griech. Variante des Namens **Angelika**
Angelique „die Engelsgleiche", Variation von **Angelika**
Ania griech. „die Begnadete"
Anima lat. „die Seele"
Anisha ind. „die Geradlinige"
Anisja russ. „Erfüllung"
Anissa Variante von **Anisja**
Anisun kurd. „Anis"
Anita Verkleinerungsform von **Ana**
Anja slaw. „die Anmutige"
Anjali / Anjuli / Anjeli ind. „Gottesgeschenk"
Anju ind. „ehren"
Ann hebr. „die Begnadete", Variante von Anna
Ann-Kathrin / Annkatrin Zusammensetzung aus **Anna**
und **Katharina**
Anna hebr. „Anmut, die Begnadete", griech. Form von
Hannah
Annabella „Begnadete Schöne", Zusammens. aus **Anna**
und **Isabella**
Annabell / Annabelle / Annabel Variant. von **Annabella**
Annalena „die Gnädigste"; Zusammensetzung aus **Anna**
und **Lena**
Anne frz./engl./hebr. Variante von **Anna**
Änne / Aenne / Aenni skand. Variante von **Anna**
Anneke fries. „kleine Anne", s. **Anna**
Annelie / Anneli finn. Koseform für **Anna**
Annemarie / Annamaria Zusammensetzung aus **Anna**
und **Maria**
Annemieke nordd. Version von **Annemarie**
Annette frz. Variante von **Anna**
Annett Variation von **Annette**
Anni / Anny schweiz. Verkleinerungsform von **Anna**
Annie engl. Verkleinerungsform von **Anna**
Annika / Annik / Annick nord. Varianten von **Anna**

Anouk frz. Version von **Anouschka**

Anouschka / Anoushka / Anushka / Annushka russ. Koseform von **Anna**

Anusch / Anousch armen. „süß"

Ansha arab. „Sie erschuf"

Anthea griech. „die Blütenreiche"

Antia galiz./bask. Kurzform von **Antonia**

Antigone Tochter des Ödipus in der griech. Mythologie

Antje niederl. Variante von **Anna**

Antoinette frz. Form von **Antonia**

Antonella ital. Form von **Antonia**

Antonia / Antonie röm. „die Antonierin"; weibl. Formen von Anton

Antonina Verkleinerungsform von **Antonia**

Aoife gäl. „Schönheit"

Aoko jap. „blau"

Aphrodite myth. griechische Göttin der Liebe

Apollonia nach dem griech. Gott Apollo, dem Gott der Weisheit, der Sonne und des Lichts

Apolline frz. Form von **Apollonia**

Apple engl. „Apfel"

April engl., entspricht dem Monatsnamen April

Arabella roman. „schöne Araberin"

Arami indianisch „kleiner Himmel"

Arcadia von Arkadien abgeleitet

Arden „hoch"; nach einem engl. Ortsnamen

Ardis altengl. Form von Edith

Ardita alban. „goldener Tag"

Ardora alban. „goldene Hand"

Aretha griech. „die Vortreffliche"

Aria niederl. Kurzform von **Adriana**

Ariadne griech. „die besonders Ehrwürdige"

Ariana / Ariane von altpers. „vom Volk der Arier"

Ariel / Arielle / Ariella hebr. „Feuer Gottes"

Arietta ital. „kleines Liedchen"

Arin türk. „sauber, unverfälscht"

Arina russ./niederl. Variante von **Irina** bzw. **Adriana**

Aristida griech. „die Beste"; weibl. Form von Aristide
Arjuna ind. „hell, klar, rein"
Arleen irische Variante von **Charleen**
Arlet span. Form von **Arlette**
Arlette frz. Kurzform von **Adelheid**
Arnika / Arnica Name einer Heilpflanze aus dem Alpenraum
Aroa bask., Name eines Heiligen
Artemis griech. Göttin der Jagd
Aruna ind. „Morgenröte"
Arwen altnord. „gut, gerecht"
Arya niederl. Kurzform von **Adriana**
Asami jap. Schönheit des Morgens
Asenath altägypt. Name für die Göttin Isis
Asha ind. „Erwartung, Hoffnung"
Ashanti ind. „unruhig"
Ashia arab. „lebendig", Variation von **Asya**
Ashley / Ashleigh altengl. „Eschenhain"
Ashlyn / Ashlynne engl. Kombin. aus **Ashley** und **Lynne**
Asia poln. Kurzform von **Joanna**
Asina nord. „Göttin"
Asma arab. „edel, kostbar"
Asmin kurd. „Bergrose"
Assia/ Asya arab. „die Heilende"; Kurzf. von **Anastasiya**
Asta skand. Kurzform von **Astrid**
Aster griech. „Stern"; Name einer Blume; äthiop. Form von **Esther**
Astra lat. „Sterne"
Astrid altnord. „Von Gott geliebt"
Asuka jap. „der Duft von morgen"
Athalia hebr. „Gott ist erhaben"
Athanasia lat. „die Unsterbliche"
Athena / Athene griech. Göttin der Weisheit
Athenaïs frz./ griech., nach der griech. Göttin **Athene**
Athina griech. Form von **Athena**
Atlanta /Atlantis griech. „Gleichgewicht"

Aubrey / Aubree frz. „Macht der Elfen"; nach einem engl. Familiennamen

Audra lit. „Sturm"; engl. Variante von **Audrey**

Audrey engl. „die edle Starke"

Augusta lat. „die Erhabene"

Augustina / Augustine lat. „die Erhabene"

Aura griech. „Lufthauch"

Aurea lat. „golden"

Aurela schwed. Kurzform von **Aurelia**

Aurelia lat. „die Goldene"

Aurelie / Aurélie frz. Form des Namens **Aurelia**

Auri finn. Variation von **Aura**

Aurica rum. Form des Namens **Aurelia**

Aurora lat. „die Morgenröte"

Autumn engl. „Herbst"

Ava altsächs. „die Kräftige"

Aveline frz./germ. „die Erwünschte"

Avellana span. „Haselnuss"

Avery nach einem norm. oder germ. Familiennamen

Avielle engl; von hebr. *abiel* „Gott ist mein Vater"

Aviva hebr. „Frühling"

Avril engl./frz. für den Monat April, von lat. „öffnen"

Axelle frz. weibl. Form von Axel, dieser wiederum stammt von Absalom, hebr. „Mein Vater ist Frieden"

Aya jap. „Farbe"

Ayami jap. „schöne Farbe"

Ayana / Ajana äthiop./amhar. „Schöne Blume"

Ayda kurd. „Fest"

Ayesha arab. „die Lebendige"; Variante von **Aischa**

Ayla türk. Mondschein

Aylin türk. Variante von **Eileen, Helena**

Ayse arab. „in Harmonie lebend"

Ayumi jap. „wandern"

Azahara span. „Orangenblüte"

Azalea / Azalee Name einer Blume, griech. „die Trockene"

Azami jap. „Distelblume"

Aziza arab. „die Kostbare"
Azuka igbo-niger. „die Vergangenheit ist deine Stärke"
Azumi jap. „schöne Zuflucht"
Azra hebr. „die Helferin"
Azusa jap. Trompetenbaum

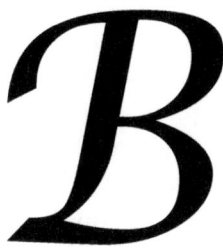

Babette frz. Form von **Barbara**
Bailey / Bailee / Baylee altengl. „offene Wiese"
Balda ahd. „mutige Kämpferin"
Banu afgh. „die Angesehene"
Barbara griech. „die Fremde"
Barbarina Variante von **Barbara**
Barbie Kosename von **Barbara**
Basanti ind. „der Frühling"
Bascha poln. Kurzform von **Barbara**
Batoul arab. „Jungfrau"
Bathseba hebr. „Tochter des Schwurs"
Bea Kurzform von **Beatrix / Beatrice**
Beatrice ital./frz. Form von **Beatrix**
Beatrix lat. „die Glückbringende"
Beatriz span. Variante von **Beatrix**
Becca / Bekka Kurzform von **Rebecca**
Becky Kosename von **Rebecca**
Beeke fries. Koseform von Elisabeth
Begonia Name einer Blume, Begonie
Belana gäl./kelt. „Mutter des Lichts"
Belén span. Form von Bethlehem, hebr. *beit lachem,*
„Haus des Brotes"
Belinay türk. „Prophetenrose"
Belinda engl./ital. „die Schöne, Sanfte"
Bella / Belle ital. „die Schöne"

Bellis lat. „schön"
Benazir ind. „die Unvergleichliche"
Benedetta ital. Variante des Namens **Benedicta**
Benedicta / Benedikta lat. „die Gesegnete"
Benedicte / Benedikte Variante von **Benedicta**
Bente lat. „die Gesegnete"
Berenike griech. „die Siegreiche"
Bernadette ahd. „die Bärenstarke"
Berit / Berrit nordd. Form von Birgit
Bertha / Berta germ. „die Berühmte"
Beryl / Beryll engl.; Name eines wasserhellen Edelsteins
Beril türk. „Beryll"
Berra türk. „gesegnete Seele"
Bess / Bessie engl. Kurzformen von **Elisabeth**
Beta griech. „die Zweite"
Beth engl. Kurzform von **Elisabeth**
Bethany engl. „Bethanien"
Betsy engl. Koseform von Elizabeth
Bettina / Bettine Koseformen des Namens **Elisabeth**
Betty engl. Kosename von Elisabeth
Beverly / Beverley engl., bez. sich auf einen gleichn. Ort
Bevin irisch / gäl. „Schöne Dame"
Beyza arab. „weiß"
Bhavani ind. „Kraft und Liebe Gottes"
Bianca / Bianka ital. „die Weiße, Glänzende"
Bibi Kurzform von **Bibiana / Bibiane**
Bibiana / Bibiane Variante von **Viviane**
Bijou frz. „hübsch, schmuck"
Billa / Bille Kurzform von Sibylle
Bina / Bine / Bini / Biene Kurzformen zu Namen, die auf
-bina oder –bine enden
Bionda ital. „die Blonde"
Birdie engl. „Vögelchen", Kosename für **Bertha**
Birgit / Birgitta von gäl. **Brighid** „die Erhabene",Name
der kelt. Sonnengöttin
Birke ahd. „die Glänzende"
Birte schwed. / dän. Form von Birgit

Björk isländ. „Birke / Bärin"
Blair schott. „Flachland, Wiese", nach einem Familiennamen
Blake n. e. engl. Familienn., von altengl. „schwarz"
Blanca /Blanka span. „die Weiße"
Blanche frz. „die Weiße"
Blanchefleur frz. „Weiße Blume"
Blerina alban. „Grünes Laub"
Bliss engl. „Glückseligkeit"
Bloom kelt. „hübsch, stark, gutmütig"
Blossom engl. „erblühen"
Blomma schwed. „Blume"
Bluebell / Bluebelle engl. „Glockenblume"
Blythe engl. „die Sorglose"
Bo chin. „Welle"; Kurzf. v. Namen, die mit Bo- beginnen
Bobbi / Bobbie / Bobby engl. Koseformen von **Roberta**
Bonita span, „die Hübsche"
Bonnie schott. „die Hübsche"
Borka slaw. „die Kämpferin"
Brandy niederl. „Branntwein"
Branka „Schutz und Frieden", serbokroat. Kurzform von Branislava oder Branimira
Branwen / Bronwen walis. „weiß; schön"
Bree irisch „die Starke, Liebende"
Brenda engl. „Schwert"
Brenna engl. Variante von **Brenda**
Bria engl. Kurzform von **Cambria**, **Brianna** und anderen Namen, die –bri enthalten
Brianna kelt. „Hügel", weibl. Form des Namens Brian
Brienne Figur in der Fernsehserie *Game of Thrones*
Bridget Variation des Namens **Brighid**
Brielle engl. Kurzform von **Gabrielle**
Brighid / Brigid kelt./irisch „die Erhabene", Name der keltischen Sonnengöttin
Brigitta / Brigitte Varianten von **Brighid**
Brina slowen. Kurzform von **Sabrina**
Briony / Bryony Name eines Kürbisgewächses

Brit / Britt Kurzform von **Brigitta / Brigitte**

Brittany engl. „Britannien"

Britney Kurzform von **Brittany**

Bronwen / Bronwyn walis. „helle Brust"

Brooke „nahe einem Bach wohnend", nach einem engl. Familiennamen

Brooklyn / Brooklynn Komb. aus **Brooke** und **Lynne**

Bruna ital./port./slow. von ahd. „die Braune"

Bruni ahd. Kurzform von Brunhilde; „die im Harnisch kämpfende"

Bryn / Brynn walis. „Hügel"

Brynlee engl. Kombination aus **Bryn** und **Lee**

Busra / Bushra arab./türk. „frohe Botschaft"

Cadence engl. „Rhythmus"

Cailin schott./irisch „Mädchen"

Caitlin / Caitlyn irisch „Mädchen", irische Form von Katharina

Caja norddt. für Katharina

Calantha griech. „schöne Blume"

Cali / Callie engl. Koseform von Caroline

Calista / Callista griech. „schön, zierlich"

Calliope griech. Mutter von Orpheus, Muse der epischen Dichtung

Calypso Meeresnymphe der griech. Mythologie

Cambria lat./walis. „Wales"

Camelia Name einer Blühpflanzenart, „Kamelie"

Cameron schott./engl. „krumme Nase",

Camilla hebr. „Tempeldienerin"

Camille frz. Form von Camilla

Cammie engl. Kurzform von **Cameron**

Camryn Variante von **Cameron**

Candace griech. „weißglühend"

Candela span. „Kerzenleuchter"

Candice / Candis Variante von **Candace**

Candida von lat. *candidus*, „blendend, weiß", abgeleitet

Candy engl. „süß, Zucker, rein, weiß"

Cansu türk. „Wasser des Lebens"

Caprice engl./ital. „Impuls"

Capucine frz. „Kapuzinerkresse"

Cara ital. „teuer, lieb"

Carina ital. „die Teure", Variation von **Cara**

Carla /Karla ahd. „die Freie, die Kriegerin"

Carlene engl. Verkleinerungsform von **Carla**

Carlina ital. Verkleinerungsform von **Carla**

Carlotta ahd. „freie, kraftvolle Frau"

Carly Variante von **Carlotta**

Carmel hebr. „Garten"

Carmela span. Koseform von **Carmen**

Carmen lat. „Lied, Gedicht"

Carmilla ital./span. Variante von **Carmel**

Carmina lat. „Lieder, Gedichte"; Variante von **Carmen**

Carminho port. Verkleinerungsform von **Carmel**

Caro engl. Kosename von **Caroline**

Carol engl. Kurzform von **Caroline**

Carola german. „die Freie, Tüchtige"

Carolina german. „die Freie, Tüchtige"

Carolin / Caroline / Carolyn Variationen von Carolina

Carrie / Carry engl. Kosename von **Caroline**

Carson nach einem schott. Familiennamen

Carsta weibl. Form von Carsten, dieser wiederum ist eine niederd. Form von Christian

Carter „Wagenfahrer", nach einem engl. Nachnamen

Carys / Cerys walis. „Geliebte, Herz"

Casey engl./gäl. „Nachkommen des Wachsamen", nach einem irischen Familiennamen

Cassandra griech, Wahrsagerin

Cassia hebr. „Zimt"

Cassidy irisch „gelockt"

Cassiopeia in der griech. Mythologie Mutter von Andromeda

Cassie Kurzform zu **Cassandra** und **Cassidy**

Cataleya engl.; Name einer Orchideenart

Catalina / Catalin span. „die Reine"

Catherine / Catharine / Cathryn engl. Varianten von **Katharina**

Cathleen engl. Form von Katharina

Cathrin Variationen von **Katrin**

Cathy engl. Kurzform von **Catherine**

Catriona gäl. Form von **Katharina**

Caya schwed./norweg. Variante von **Katharina**

Cayetana span. „aus Caieta"

Cecile / Cécile frz. Form von **Cecilia**

Cecilia / Cecelia Varianten von Cäcilia, der röm. Schutzheiligen der Musik

Cédrine frz. Zusammensetzung aus **Céline** und **Sandrine**

Celeste ital./frz. „die Himmlische"

Celestina / Celestine lat. „die Himmlische"

Celia lat. „die Himmlische"

Celina span. Kurzform von Marcelina

Celinda engl. Kombination aus **Celia** und **Linda**

Celine / Céline frz. „himmlisch"

Ceres röm. Göttin des Ackerbaus

Cerise frz. „Kirsche"

Cersei Figur in der Fernsehserie *Game of Thrones*

Ceyda arab. „die, die Gutes tut"

Ceylin arab./türk. „Himmelspforte"

Chaima hebr. „Leben"; arab. „ausblicken"

Chandra ind. „Mondgöttin"

Chanel frz. „kleine Kanne"

Chani / Chania hebr. Variation von Hannah

Chantal / Chantel frz. „Gesang"

Chantelle frz. Variante von Chantal

Charis griech. „Güte, Anmut"

Charity engl, von lat. *caritas,* „Nächstenliebe"

Charlaine / Charlene / Charleen / Charlyn engl. „die Charmante"; weibl. Formen von Charles

Charlie / Charly engl. Kurzform von **Charlotte**

Charlize engl. Form von **Charlotte**

Charlotte / Charlotta / Charlott ahd. „freie Frau"

Charmaine engl. „die Charmante"

Chastity engl. „Keuschheit"

Chaz Koseform von **Chastity**

Chelsea / Chelsey / Chelsy engl.; Bezirk in London

Chenille frz. „die Schöne"

Chenoa Name einer Stadt im US-Bundesstaat Illinois

Cher engl.; Kurzform der Namen **Cheryl** und **Cherilynn**

Cheri / Chérie engl./frz. „lieb, teuer, Schatz"

Cheryl engl. Variante von **Charity** oder **Charlotte**

Cherilynn engl.; Zusammensetzung aus den Namen **Cheryl** und **Lynn**

Cherry engl. „Kirsche"

Chevonne gäl. Variante von **Siobhán**

Cheyenne / Chayenne Name eines Indianerstammes

Chiara ital. Form von **Clara**

Chihiro jap. bodenlos

China ein Land, engl. Bezeichnung für Porzellan

Chloe griech. „die Grünende"

Chloé / Cloé frz. Varianten von Chloe

Christa Kurzform von **Christina**

Christabel / Christabelle Kombination aus Christa und der Nachsilbe –*belle*, „hübsch"

Christelle frz. Verkleinerungsform von **Christine**

Christin schwed./norweg./dt. „die Christin"

Christiana / Christiane Abwandlungen von **Christina**

Christina / Christine „die Christin"

Christrose nach der gleichnam. Blume

Chrysanta / Chrysanthe griech. „goldene Blume"

Ciana arab. „die Glückliche"

Ciara gäl. „schwarz"

Cicely engl. Form von **Cecilia**

Cilla engl. Kurzform von **Cecilia**

Cinderella engl. nach dem frz. Namen Cendrillon, „kleine Asche"

Cindy engl. Kurzform für die Namen **Lucinda** und **Cynthia**

Cinnamon engl. „Zimt"

Circe Zauberin aus der griech. Mythologie
Claire / Clare frz./engl. Formen von **Clara**
Clara lat. „die Klare, Leuchtende"
Clarissa Variation von **Clara**
Claudette frz. Form von **Claudia**
Claudia lat. „lahm", nach einem röm. Familiennamen
Claudine frz. Form von **Claudia**
Clea / Cléa frz. Form von **Cleo**
Clelia ital., nach dem röm. Familiennamen Cloelíus
Clémence frz. weibl. Form vonClemens
Clementina / Clementine lat. „die Milde, Gnädige";
weibl. Form von Clemens
Cleo griech. „Stolz, Ruhm"; Kurzform für Cleopatra
Cleopatra Name einer ägyptischen Pharaonin
Coco Kosename für Namen, die mit Co- beginnen
Coline frz. Kurzform von **Nicoline**
Collien / Colleen / Coleen gäl. „meine Kleine"
Concha span. „Muschel"
Conchita span. „kleine Muschel"
Conny / Connie Kosenamen für Cornelia und **Constanze**
Constanze / Constantia lat. „die Standhafte"
Consuela span. „Trost"
Cora griech. „junges Mädchen"
Coral engl. „Koralle"
Coralie niederl. „Koralle"
Coraline Variation des Namens **Caroline**
Cordelia lat. „Herzchen"
Corinna griech. „Mädchen, Tochter"
Cornelia altröm. „aus dem Geschlecht der Cornelier"
Corona lat. „Krone"
Cosette von frz. *chosette*, „kleines Ding"
Cosima griech. „die Ordentliche"
Cosma griech. „Ordnung"
Courtney engl. „Sonnenschein"
Crescentia lat. „die Wachsende"
Cressida griech. „golden"
Cristiana / Cristina ital./span. Formen von **Christina**

Cruz span./port. „Kreuz"
Crystal engl. „Kristall"
Csilla ungar. „Stern"
Cybele Name einer anatolischen Muttergottheit
Cynthia griech. Beiname der Jagdgöttin Artemis

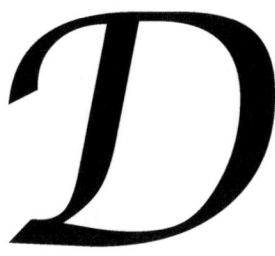

Daenerys Figur in der Fernsehserie *Game of Thrones*
Dafina alban. Form von **Daphne**
Dafne ital. Form von **Daphne**
Dagmar germ. „heller Tag"
Dagna Variante von **Dagny**
Dagny skand. von altnord. „neuer Tag"
Daiana / Dayana span. Variante von **Diana**
Dairine gäl. „fruchtbar"
Daisy engl. „Gänseblümchen"
Dajana südslaw. „die Widerspenstige"
Dahlia / Dalia / Daliah hebr. „starker Zweig, Weinranke"; Name einer Blume
Dakota indian. „Freund, Verbündeter"; Bundesstaat in den USA
Dalal arab. „die Kokette"
Daleyza engl. Kombination aus **Daliah** und **Liza**
Dalila / Dalilah arab. „Beweis"
Dalisha Variante des röm. Namens **Delica**
Damaris griech. „Kalb"
Damayanti ind. „unterwerfen"; Name einer schönen Prinzessin aus dem ind. Epos Mahabharata
Damiana griech. „Kälbchen"
Damona Name einer kelt. Göttin
Dana Kurzform von **Daniela**
Danae griech. „die Geliebte"

Danara kasach./usbek. „Glück"
Dandelion engl. „Löwenzahn"
Danica / Daniza südslaw. „Morgenstern"
Daniela hebr. „Gott ist mein Richter"
Danielle frz. Variante von **Daniela**
Daphne griech. „Treue"
Dara hebr. „Mitgefühl", thail. „Stern"; indon. „junges Mädchen"; bulgar. „Geschenk"
Darcy / Darcey nach einem engl. Familiennamen; norm./frz. *d'Arcy*, „aus Arcy", einer Stadt in Frankreich
Daria / Dariah / Darya pers. Form von Darius; russ. „Gottesgeschenk"
Dasha / Dascha Kosename von **Darina**
Darina slaw. „Gottesgeschenk"
Davida weibl. Form von David
Davina lat. „göttlich"
Darleen von engl. *darling*, „Liebling"
Dawn engl. „Morgenröte"
Dayna engl. Variante von **Dana**
Deanna / Deanne / Dianna / Dianne engl. Form von **Diana**
Debbie Kosename von **Debora**
Debora / Deborah hebr. „die Bienenfleißige"
Dee / Deedee engl. Kurzform von Namen, die mit *De-* beginnen
Deepeeka ind. „Licht"
Deena engl. Form von Dina
Defne türk. Form von **Daphne**
Deirdre kelt./walis. „Tochter, Frau"
Delainey irisch „Elfenhain"
Delea Variante von **Delia**
Delia / Deliah griech. „von der Insel Delos stammend"
Delica lat. „Vergnügen"
Delila / Delilah hebr./pers. „die mit dem wallenden Haar"
Delisha bosn. „die Freude Schenkende"
Della engl. Kurzform von **Adelaide** und **Adele**

Delina engl. Kurzform von **Adeline**
Delphine frz., griech. „Delfin"
Demetria griech. „Erdenmutter", abgeleitet von der Göttin Demeter
Demi Kurzform von **Demetria**
Denise griech., abgeleitet vom Gott Dionysos
Deryn walis. „Vogel"
Desdemona lat. „Missgeschick", Hauptfigur in Shakespeares Othello
Desiree / Desirée frz. „die Ersehnte", vom lat. Namen Desideria
Despina griech. „Dame"; Name der Tochter Poseidons und Demeters in der griech. Mythologie
Desta äthiop. / amhar. „Freude"
Destina lat. „Schicksal"
Destiny engl. „Schicksal"
Devi ind. Göttin
Devin / Devyn türk. „Bewegung"; engl. nach einem kelt. Familiennamen
Dewi indones. „Göttin"
Dia span. „Tag"; Name einer griech. Göttin
Diamante / Diamant / Diamond nach dem Edelstein
Diana röm. Göttin der Jagd
Dido phöniz. „Jungfrau" (vermutl.); Name der Königin von Karthago in Vergils „Aeneis"
Dikeledi botswana/tswana „Tränen"
Dilara / Delara türk / pers. „die das Herz erfreut"
Diletta ital., von lat. *dilecta*, „geliebt, bevorzugt"
Dilys walis. „ehrlich"
Dima arab. „Regenschauer"
Dina / Dinah hebr. „die Gerächte, Gerechtfertigte"
Dionne abgeleitet vom griech. Gott Dionysos
Dior frz. d'or, „aus Gold, golden"
Dipali ind. „Reihe von Lichtern"
Diva / Divia / Divina lat. / ind. „die Göttliche"
Dixie frz. / engl. „Zehn"
Diya arab. „Licht"

Djamila arab. „die Schönheit"

Djuna Komb. a. d. ind. Namen Djalma und port. **Luna**, *Mond*

Dolly engl. Kurzform von **Dorothy**

Dolores / Delores span. „die Schmerzensreiche"

Dominique frz. „dem Herrn gehörend", von lat. *dominus*, Herr

Donna engl./ital. „Frau"

Donnice Variante von Madonna

Doreah Figur in der Fernsehserie *Game of Thrones*

Doria griech. „aus dem Meer"

Doris griech. „Dorerin", nach einem antiken griech. Volk; auch als Kurzform von **Dorothea**

Dorit / Dorrit dän. Kurzform von **Dorothea**

Dorkas griech. „Gazelle"

Doro Koseform von Namen, die mit Dor- beginnen

Dorothea / Dorothee / Dörte griech. „Gottesgeschenk"

Dorothy engl. Form von **Dorothea**

Doutzen niederl. „die Erhabene"

Dove engl. „Taube"

Drew Kurzform von engl. Andrew

Dua türk./arab. „Gebet"

Dulce span. „Süß"

Dulcie engl. Koseform von **Dulce**

Dunja / Dunya arab./pers. „die Welt"

Dura lat. „die Harte"

Durga ind. „die Unerreichbare"

Duscha / Dusha slaw. „Seele"

Dushka / Duschka Koseform von **Dusha**

Ebba Kurzform für Eberhardine, ahd. „stark wie ein Eber"

Ebony engl. „Ebenholz"

Ebru türk. „Augenbraue"; pers. „Gesicht des Wassers"

Eda türk. „Anmut"

Edda altnord. „Urgroßmutter"

Edana gäl. „kleines Feuer"

Edda altdt. „Segen"

Eden hebr. „Paradies"

Edis bosn. „Oben"

Edna hebr. „Vergnügen"

Edona alban. „Geliebte"

Eefje / Eefke fläm./niederl. Verkleinerungsform von **Eva**

Effi / Effie Name der Hauptprotagonistin in Theodor Fontanes „Effi Briest"; Kosename von Elfriede

Eglantine altfrz./lat. „Weinrose"

Eileen irische Version von **Helen**

Eilidh schott. Verkleinerungsform von **Eleanor**

Eilish / Eilís gäl. Form von **Elizabeth**

Eimear / Éimhear irische Varianten von **Emer**

Eira walis. „Schnee"

Eireen irisch; von griech. *eirene*, „Frieden"

Ekaterina russ./bulg. Form von **Katharina**

Ela arab.türk. „honigfarben"

Elaine / Elaina engl., abgeleitet von **Helena**, griech. „die Leuchtende"

Elea engl. Kurzform von **Eleanor**

Eleanor griech, „die Mitfühlende"

Electra / Elektra griech. „die Strahlende"

Elena Variante von **Helena**

Eleni „die Leuchtende"; griech. Form von **Helena**

Eleonora altfrz. Name für **Helena,** griech. „die Leuchtende"

Elfe ein Naturgeist

Elfi dt. Koseform von Elfriede, „Elfenkraft"

Elham pers./arab. „Inspiration"

Elke fries. Koseform von **Adelheid**

Eliane / Eliana, hebr. „Jahwe ist Gott", weibl. Form von Elias

Elif türk. Erster Buchstabe des Alphabets

Elin skand./walis. Form von **Helen**

Elina Variante von **Helena**

Eline / Elyne frz. Varianten von **Elina**

Elinor / Ellinor hebr. „Gott ist mein Licht"

Elisa / Elise Kurzformen von Elisabeth

Elisabeth hebr. „Mein Gott ist vollkommen"

Elisha hebr. „Gott errettet"

Elissa hebr. „Gotteseid"

Eliza Kurzform für **Elizabeth**

Elizabeth engl. Variante von **Elisabeth**

Ella ital. Kurzform für Namen, die auf –ella enden

Ellaria Figur in der Fernsehserie *Game of Thrones*

Elle engl. Koseform von **Eleanor**; frz. „sie"

Ellen Variante von **Helena**

Elli / Elly Kurzformen von Ellen

Elmira span./arab. „Fürstin"

Elodie / Élodie frz. Form von Alodia, von got./germ *alja* „fremd, anders" und *aud,* „Wohlstand"

Eloise / Éloise / Éloïse / Elouise germ. „gesund", Varianten von **Héloise**

Elsa / Else Kurzformen von **Elisabeth**

Elsie engl. Kurzform des Namens **Elizabeth**

Ema span./slaw. Form von **Emma**

Emer gäl., Name der Ehefrau des sagenhaften Kriegers Cúchulainn

Emerald engl. „Smaragd", Name des Geburtssteins für den Monat Mai

Emery engl.; norm. Form von Emmerich, „der Starke"

Emie frz. Variante von **Emmie**

Emilia / Emilija lat. „aus dem Geschlecht der Aemilier stammend"; weibl. Form von Emil

Emily / Emilie / Emelie / Emely dt./engl./schwed. Variationen von Emilia

Emma ahd. „groß, erhaben"

Emmalyn / Emmalynn engl. Kombination aus **Emma** und **Lynn**

Emmi / Emmy / Emmie Abwandlungen der Namen **Emma** und **Emily**

Emy / Émy frz. Variante von **Emmy**

Enati kurd. „eigensinnig"

Engel altdt. Name für **Angela**, „Engel"

Enid walis. „Seele, Leben"

Enie fries. Form von **Aenni**

Enikó ungar. „Hirschkuh"

Enisa / Enissa arab./alban. „treue Freundin"

Enna irisch „Lichtbringerin"

Enni / Enny finn./lapp. Kurzform von **Helena**

Ennis irisch, Name einer Stadt in Irland

Enora breton. „Ehre"

Enrica ital. Form von **Henrieke**

Enya irisch „Quelle des Lebens"

Eos, griech. Göttin der Morgenröte, röm. **Aurora**

Erika weibl. Form von Erik „Ewiger Herrscher"; Name einer Pflanze, „Heidekraut"

Erin von gäl. Eireann, „Mutter Irlands"

Erina schweiz./ital. Variation von **Irene**

Eris griech. Göttin der Zwietracht

Erle / Erla norweg., von ahd. „frei"

Erma ahd. „erhaben"

Erna ahd. „entschlossen"

Ernestine / Ernestina weibl. Form von Ernst

Erva arab./türk. „lebendig, schön"

Esha ind. „Wunsch"

Esila arab. „Vormittag"

Esma türk. „edel, kostbar"

Esmeralda span. „Smaragd", Name des Geburtssteins für den Monat Mai

Esme türk. „Windstille"

Esmée / Esmé altfrz./engl. „geliebt"

Esperanza span. „die Hoffnung"

Esra türk./arab. „nächtliche Reise"

Estefania span. Form von **Stefanie**

Estelle / Estella frz./ital. „Stern"

Esther hebr. „leuchtender Stern"

Estrelle / Estrella span. „Stern"

Ethel engl. „edel"

Etta engl. Kurzform von **Henrietta**

Eugenie /Eugénie frz./griech. „von edler Geburt"

Eulalia / Eulalie griech. „die gut redet"

Eunice engl. griech. „guter Sieg"

Europa Figur aus der griech./röm. Mythologie

Eurydike griech. „weite Gerechtigkeit"

Eva hebr. „die Leben Schenkende"

Evamaria häufige Kombination aus **Eva** und **Maria**

Evangeline / Evangelina griech. „die frohe Botschaft verkündend"

Eve frz./engl. Variante des Namens **Eva**

Evelina / Evalina / Evaline Varianten von **Evelyn**

Evelyn / Evelin / Eveline Verklein.. des Namens **Eva**

Ever engl. „immer"

Everly / Everley / Everlee / Everleigh altengl. „Wildschwein-Wald"; nach einem engl. Familiennamen

Evie engl. Koseform von **Eve**

Evita span. Verkleinerungsform von **Eva**

Eylin rum. Variante von Aylin

Fabia ital., vom röm. Familiennamen Fabius abgeleitet, lat. *faba*, „Bohne"

Fabiana / Fabiane ital./span./dt., von lat. „aus dem Geschlecht der Fabier"

Fabiella ital., „kleine Bohne", Verklein. von **Fabia**

Fabienne frz./lat. „aus dem Geschlecht der Fabier"

Fabiola ital./lat. „aus dem Geschlecht der Fabier"

Fabrice frz./lat. „Handwerkerin"; „aus dem Geschlecht der Fabrizier"

Fabricia / Fabrizia ital./lat. „aus dem Geschlecht der Fabrizier"

Fadia arab. „Ritterin"

Fae altirisch „Fee", Variante von **Fay**

Faith engl. „Glaube, Vertrauen"

Fama kurd. „Klugheit"

Famke / Femke niederl. „kleines Mädchen"

Fanja span. Kurzform von **Estefania**

Fanndis altnord. „Schneefrau"

Fanny engl. Kurzform von **Frances**

Fanta „schöner Tag"; häufiger Name in Westafrika

Farah arab. „Freude, Glück"

Farai südafrik./shona „jauchzen, frohlocken"

Farida afghan. „einzigartig"

Farishta / Fereshta afghan. „Engel"
Fatima / Fatma arab. „Enthaltsamkeit"; Name einer Tochter Mohammeds; Name einer Stadt in Portugal
Faustina / Faustine ital./frz. von lat. „die Glückbringende"
Fawn engl. „Reh"
Fay / Faye engl. „Fee"
Fayèn / Fayen niederl. Kurzform von **Fayenne**
Fayenne niederl. Kombination aus **Faye** und **Anne**
Fearn / Fern engl. „Farn"
Febe niederl./span./ital. Form von Phoebe
Fee ein weiblicher Naturgeist
Federica ital. /germ. „die Friedvolle, Friedensreiche"
Fedora griech. „Gottesgeschenk"; Variante von **Theodora**
Feige / Faiga jidd. „Vogel"
Felia griech. „Hilfe"; Kurzform des Namens **Ophelia**
Felice frz./ital. Form des Namens Felicia
Felicia / Felitia / Felizia lat. „die Glückliche", weibl. Form des Namens Felix
Felicienne frz. Variante des Namens Felicia
Felicitas / Felizitas lat. „Fruchtbarkeit"
Felicity engl. „Fröhlichkeit"
Felina lat. „Kätzchen"
Feline niederd. Form von **Felicitas**
Femke niederl./fries. „kleines Mädchen"
Fenja / Fenya Riesin aus der dän. Mythologie
Fenna niederl. Koseform von Namen, die mit Fried- beginnen
Ferida arab. „die Einzige"
Fergie schott., weibl. Form von gäl. *Ferghas*, „Mann der Kraft"
Fernanda span./ital./port. „tapfere Reise"
Ffion walis. „Fingerhut"
Fia Kosename für **Josefia** und **Sophia**
Fidelia lat. „die Frohe"
Fien niederl. Kurzform von **Josefien**
Filia lat./griech. „Freundin, Tochter"

Filippa griech. „Pferdefreundin"; Var. von **Philippa**

Filiz türk. „kleines Blättchen"

Fina Kurzform des Namens **Serafina**

Fine / Fiene Kurzform des Namens **Josefine**

Finja / Finnja nord./slaw. Variante von **Serafina**, „Liebesengel"

Finley / Finlay gäl. „weißer Krieger"; nach einem Familiennamen

Finola irisch/schott., von gäl. *Fionnuala* „Weiße Schultern"

Fiona gäl. „die Weiße"

Fiora ital. „Blume"

Fiorella ital. „kleine Blume"; Koseform von **Fiora**

Fjola isl. Form von **Viola**

Fjolla alban. „Schneeflocke"

Flavia lat. „aus dem Geschlecht der Flavier"; weibl. Form von Flavius

Fleur frz./lat. „Blume"; frz. Form von **Flora**

Fleurette frz. Verkleinerungsform von **Fleur**; „Blümchen"

Flor span. „Blume"

Flora lat. „Blume"

Florence engl./frz. „die Blühende"

Florentina / Florentine ital./lat. „die Blühende"

Floriane „die Blühende"

Florinda ital./port./span. „Blühende"

Florine lat. „Blume"

Folami westafrik./yoruba „Ehre und respektiere mich"

Fonsy / Fonsie „die Reife"; Kurzform von Alphonsine

Fortuna lat. „Glück"; röm. Göttin des Glücks

Fotini griech. „Licht"

Foxy / Foxie engl. „gerissen wie ein Fuchs"

Franca / Franka ital. Kurzform von **Francesca / Franziska**

Frances engl. Version von Franziska

Francesca ital. Variante von Franziska

Francie engl. Kurzform für **Frances / Francesca**

Francine engl./frz. Koseform für **Frances / Françoise**

Francoise / Françoise frz. „die kleine Französin"
Franziska lat. „die Freie, die Fränkin"
Franzi bayr. Kurzform für den Namen **Franziska**
Frauke nordd./fries. „die kleine Frau"
Freda niederd. Variante für **Friederike**
Frederica span./fries. Variante von Friederike
Frederika / Frederike niederd./skandin. Varianten von
Friederike
Freya / Freia / Freyja „Herrin"; isl. Göttin der Liebe
Frieda / Frida germ. „Friede", Kurzformen der Namen
Friederike und Elfriede
Friederike / Friderike ahd. „die Friedensreiche"; weibl.
Form von Friedrich
Frigga Göttin der nord. Mythologie, Gemahlin von Odin
Fritzi bayr. Kurzform von **Friederike**
Fuchsia / Fuxia engl. Name einer leuchtend rosa Blume
Fulvia lat. „die Feurige"; weibl. Form des Namens Fulvio

Gabi / Gaby Kosename für Gabriela / Gabriele
Gabriela / Gabriele hebr. „Gott ist stark"
Gabriella /Gabrielle ital./frz. Formen von Gabriele
Gaia / Gaya in der griech. Myth. die Urmutter der Erde
Gala russ. Kurzform von **Galina**
Galadria Variation des Namens Galadriel
Galadriel Name einer Elfe aus dem Roman „Der Herr der Ringe"
Galatea griech. „die Milchweiße"; Gestalt aus der griech. Mythologie
Galaxina Name der Titelheldin eines bekannten Science-Fiction-Filmes
Galia hebr. „Gott wird erlösen"
Galina russ./griech. „Frieden"
Galit hebr. „Welle"
Galla von lat. *gallus* „der Hahn"
Garnet „Granat" engl. Name eines Edelsteins, des Geburtssteins für Januar
Gauri ind. „die Weiße", Name einer ind. Göttin
Gautami ind. „Erleuchtung"
Geena engl. Form von **Gina**
Gemma engl. „Edelstein"
Genesis griech. „Geburt"; Name des 1. Buches der Bibel
Genet äthiop./amhar. „Paradies"
Geena engl. Kurzform von **Regina**

Geesche / Gesche fries./skand. „geradliniger Speer"; alte Form des Namens **Gertrud**

Genette engl. Variante von **Jeannette**

Geneviève frz. Form des Namens **Genoveva**

Genia „von edler Geburt"; poln. Kurzform des Namens Eugenia

Genoveva Namensvariante des germ./kelt. Namens Genovefa, Bedeutung unklar

Georgette frz. „die Bäuerin", weibl. Form des Namens Georg

Georgia / Giorgia engl./ital.; weibl. Formen des Namens Georg, „der Bauer"

Georgina / Georgiana „die Bäuerin"; Weiterbildungen des Namens Georg

Geraldine germ./frz. „die den Speer beherrscht"

Gerda ahd. „Frau mit Speer"

Gerdis schwed. „die den Speer beherrscht"

Gerit / Gerrit fries. Kurzform des Namens Gerharde, „die mit den Speer ins Herz trifft"

Germaine frz., weibl. Form von Germanus, lat. „Bruder"

Germana ital., weibl. Form von Germanus, lat. „Bruder"

Gerti Kurzform des Namens **Gertrud**

Gertrud germ. „starke Speerkämpferin"

Gervaise frz., weibl. Form von Gervasius, Name eines Märtyrers aus Milano

Gesa niederd./fries. Variante für den Namen **Gertrud**

Gesine / Gesina nordd. Form des Namens **Gertrud**

Ghislaine / Ghyslaine altfrz., von germ. *gisil* „Unterpfand"

Gia ital. Kurzform für Namen, die mit Gia- beginnen

Giada ital. Variante des Namens **Jade**

Gianna ital. Kurzform von **Giovanna**

Giannina ital. Verkleinerungsform von **Gianna**, „kleine Gianna"

Gigi ital. Kosename für Namen, die mit Gi- beginnen

Gila hebr. „Freude"

Gilda ital., von germ. *gild*, „Opfergabe"

Gillian / Gilian frz./engl. „Jupiter geweiht"

Gina ital. Kurzform von Namen, die auf -gina enden

Ginette frz. Abwandlung des Namens **Geneviève**

Ginevra ital. Form des Namens **Guenivere**

Ginger engl. „Ingwer"

Ginny / Ginnie engl. Kosename für **Virginia**

Gioia ital. „Freude"

Giorgia ital. Form von Giorgio, Georg

Giorgina ital. Verkleinerungsform von Giorgia

Giordana ital. „vom Fluss Jordan"

Giovanna „die von Gott begnadete"; ital. Form von **Johanna**

Gisa Kurzform von **Gisela**

Gisela ahd. „Unterpfand"

Giselle / Gisèle / Gisele frz./ital. Formen des Namens **Gisela**

Gita ind. „Gesang, Lied"

Giulia ital. Form des Namens **Julia**

Giuliana ital. Variante des Namens **Giulia**

Giulietta / Giuliette frz./ital. Verkleinerungsformen des Namens Giulia

Giuseppa ital./lat. „Gott fügt hinzu", ital. Form des Namens Joseph

Giuseppina ital. Verkleinerungsform des Namens Giuseppa, „kleine Giuseppa"

Giusi / Giusy neapol. Kurzform von **Giuseppina**

Gladiola lat. „kleines Schwert"; Name einer Blume

Gladys walis. Form von **Claudia**

Gloria lat. „Ruhm"

Gloriana lat./engl. „glorreich und anmutig"

Glynis walis. „die Reine"

Godiva lat./altengl. „Geschenk Gottes", Name einer engl. Adeligen aus dem 11. Jh, „Lady Godiva"

Golda jüd. „die Goldene"

Goldie „engl. „goldig"

Grace engl. Form des Namens **Gracia**

Gracelyn / Gracelynn engl. Kombination aus **Grace** und **Lynne**

Gracia / Gracie / Grazia / Gratia lat. „Anmut"

Graciana span. Kombination der Namens **Gracia** und **Ana**

Graciella / Graziella ital. Variante des Namens **Gracia**

Gráinne / Grainne irisch/gäl. „Getreide"

Greet niederl. „Perle"; Kurzform von **Margarete**

Greta / Grete Kurzformen von Namen, die auf –gret oder –grit enden

Griselda ahd. „schöne Heldin"

Grit Kurzform für den Namen **Margarete**

Guadalupe span. Beiname von Maria, der Mutter von Jesus Christus

Guinevere, Guenevere, Guinièvre, walis./frz. „weiße Frau"; Gemahlin des Sagenkönigs Arthur

Gulla schwed. Kurzform des Namens Gunilla, „Kämpferin"

Gundi Kurzform für Namen, die auf –gund enden oder mit Gund- beginnen

Gwen Kurzform des Namens **Gwendolen**

Gwendolen / Gwendolyn / Gwendoline irisch/gäl. „der weiße Kreis"

Gwyn walis.; Kurzform des Namens **Gwynne**

Gwynne walis. „die Weiße"

Gwyneth walis. „die Weiße, die weise Frau"

Gypsy engl. „Zigeuner", urspr. von *egyptian*, „Ägypter" hergeleitet

Habiba arab. „Liebling"
Hadassa hebr. „Myrthenbaum"
Hadley altengl. „Heidefeld", nach einem engl. Familiennamen
Hafsa arab. „Versammlung"
Haidée / Haydee griech. „bescheiden", Name einer Figur in Lord Byrons Gedicht „Don Juan"
Hailey / Hayley / Haylie / Haleigh / Haylee engl. „Heuwiese", nach einem engl. Nachnamen
Halima arab. „die Geduldige"
Halina griech./poln. „Licht"
Hamida arab. „die Lobpreisende"
Hana jap. „Blume", arab. „Glückseligkeit"
Hanae von jap. „Blume"
Hanako jap. „Blumenkind, Blümchen"
Hanami jap. „Blütenschau"
Hanan arab. „die Mitfühlende"
Hani hawaii. „Liebling"
Hanin arab. „Sehnsucht"
Hannah / Hanna hebr. „Anmut"
Hanne Variation von **Hanna**
Harley altengl. „Hasenweide", nach einem engl. Nachnamen

Harlow altengl. „felsiger Berg"; nach einem engl. Nachnamen
Harmony engl./griech. „Harmonie"
Harpa isl.; Name des ersten Sommermonats
Harper engl. „Harfenspielerin"
Harriett engl. „Hüterin des Hauses"
Haruka jap. „weit entfernt"
Harumi jap. „Frühling"
Hashika ind. „lächeln"
Hattie engl. Koseform von **Henrietta**
Havanna Name der kubanischen Hauptstadt
Haven engl. „Hafen, Zuflucht"
Havin kurd. „Sommer"
Hayal kurd. „Traum"
Hayat arab. „Leben"
Haya arab. Kurzform von **Hayat**
Hayden altengl. „aus dem abgeschirmten Tal", nach einem engl. Nachnamen
Hazal türk. „Herbstlaub"
Hazel engl. „Haselnuss, haselnussbraun"
Heather engl. „ Heide, Heidekraut"
Heaven engl. „Himmel. Paradies"
Hebe altgriech. Göttin der Jugend
Hedda germ. „Zuflucht"
Hedi / Hedy Kurzform des Namens Hedwig, ahd. „die Kämpferin"
Hekate Zauberin und Göttin in der griech. Mythologie
Heidi Koseform von Adelheid, ahd. „vornehmes Wesen"
Heidrun ahd. „Zauberwesen"; Himmelsziege der nordischen Sagenwelt
Heike Kurzform von **Henrike**
Hela nord. Göttin der Unterwelt
Helaine engl. Variation des Namens Helen
Helen engl. Form von **Helena**
Helena / Helene griech. „die Leuchtende"
Helga altnord. „gesund und unversehrt"

Helia griech. „die Strahlende"; weibliche Form des Namens Helios, des altgriech. Sonnengottes

Hella skand./dt. Kurzform von **Helena**

Helin kurd. „Vogelnest"

Héloise / Heloïse frz./germ. „gesund"

Hemma Variante von **Emma**

Hendrieke niederl. Variante des Namens **Henrike**

Henrike / Henrieke ahd. „reiches Haus"; weibl. Form des Namens Heinrich

Henriette / Henrietta engl./frz. Variationen von **Henrike**

Hephzibah hebr. „Freude"

Hera griech. Göttin der Ehe und Familie

Herdis altnord. Kriegsgöttin

Hermia / Hermione weibl. Form des Namens Hermes, des griech. Götterboten

Hermine / ahd./ germ. „die Gewaltige", weibl. Form d. Namens Hermann

Hero griech. myth. Priesterin der Aphrodite

Hester engl./hebr. „leuchtender Stern", Variante von **Esther**

Hestia griech. Göttin des Herdfeuers und des Familienfriedens

Hetta finn. Variante des Namens Hedwig, ahd. „die Kämpferin"

Hetti / Hetty / Hettie dt./engl. Kurzformen von Hedwig, ahd. „die Kämpferin" sowie von **Henrietta**

Hevi / Hewi kurd. „Hoffnung"

Hevin kurd. „Geborgenheit"

Hiba arab. „Geschenk"

Hibari jap. „Lerche"

Hikari jap. „Licht, Fels"

Hila / Hilla hebr. „Heiligenschein"

Hilal arab. „Mondsichel"

Hilaria lat. „die Heitere"

Hilary / Hillary engl. Form von **Hilaria**

Hilda ahd. „Kämpferin"

Himari jap. „Sonnenblume"

Hina jap. „Puppe, Küken"
Hinako jap. „Puppenkind"
Hinata jap. „der Sonne zugewandt"
Hira Name eines hl. Berges in der Nähe von Mekka
Hiranur türk. Kombination aus **Hira** und **Nur**
Hiwa kurd. „Hoffnung"
Hjördis isl. „Göttin mit dem Schwert"
Holly engl. „Stechpalme"
Holda / Holle Varianten von **Hulda**
Holunda dt., Name eines Beerengewächses, Holunder
Honey engl. „Honig, honigsüß"
Honami jap. „Wölfin"
Honor / Honour engl. „Ehre"
Honora / Honoria / Honorata lat. „die Ehrenvolle"
Hope engl. „Hoffnung"
Hortense frz. Form von **Hortensia**
Hortensia lat. „die Gärtnerin"
Hoshi jap. „Stern"
Hoshiko jap. „Sternenkind, Sternchen"
Hosna / Husna arab. „schöner"
Hotaru jap. „Glühwürmchen"
Hulda isl./altd. „die Holde"
Hyacintha / Hyacinthia Name einer Blume

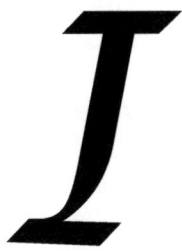

Iben dän. Kurzform von **Jakoba**
Ibtisam / Ibtissem arab. „lächeln"
Ida Kurzform des ahd. Namens Iduberga, der Patronin der Arbeit
Iduna nord. Göttin der Fruchtbarkeit und Jugend
Igraine kelt.; Mutter des myth. König Artus
Ilana hebr. „Baum"
Ilaria ital. Form des Namens **Hilaria**
Ilayda türk. „Wassernixe"
Ildikó / Ildico / Ildiko ungar. „Kämpferin", letzte Gemahlin des Hunnenkönigs Attila
Ilena / Ileana rum. Abwandlungen des Namens **Helena**
Ilenia ital. Form von **Helena**
Ilka ung. Koseform von **Ilona**
Ilona ung. Form von **Helena**
Ilsa / Ilse Kurzformen von **Elisabeth**
Ilvie / Ilvy nord. „kleine Wölfin"
Iman arab. „Glaube"
Imani suah. „Glaube"
Imea Kurzform von **Timea**
Imela südslaw. „Mistel"
Imelda span./ital. Form von Irmhild, ahd. „die allumfassende Schlacht"
Imke fries. Kurzform von Namen, die mit Irm- beginnen

Imma / Imme ahd. „gewaltig, erhaben"; ein altes Wort für „Biene"

Imogen engl., von lat. „Unschuld"

Ina Kurzform von Namen, die auf –ina enden

Inari jap. Fuchsgeist

Inaya / Inayah / Inaaya / Inaayah arab. „Gottesgeschenk"

India engl. „Indien"

Indiana „Land der Indianer", Name eines Bundesstaates der USA

Indigo blauviolettes Farbpigment

Indira ind. „Schönheit"

Indra ind. „der die Regentropfen besitzt", hinduist. Gott des Regens

Indrani ind. „Königin Indra", Name der Gemahlin **Indras**

Ineke Koseform von **Ina**

Ines „die Reine"; Variation des Namens **Agnes**

Inez span. Variante des Namens **Ines**

Inga / Inge nord. Kurzformen von Namen, die mit Ing- beginnen

Inger Variante von Ingrid, nach dem germ. Gott Ing

Ingrid germ. „Von Gott geliebt"

Inka fries./finn. Variante des Namens **Inga**

Inken fries. Koseform von Ingeborg, „Gott schützt"

Inkeri finn. Form von **Ingrid**

Inna Kurzform von **Innocentia**

Innocentia, lat. „die Unschuldige"

Inola cherok. „Schwarzer Fuchs"

Inori jap. „Gebet"

Insa fries. Kurzform für Namen, die mit Ing- beginnen

Iolanthe griech. „Veilchen"

Ioana rum./bulg. Form von **Johanna**

Iona gäl./schott. „Insel"

Iphigenia / Iphigenie Tochter Agamemnons in der griech. Mythologie

Iraida span. Variation von **Irais**

Irais Tochter des Zeus aus der griech. Mythologie

Ireen engl. Variante von **Irene**
Irene / Irena abgel. von der griech. Friedensgöttin Eirene
Iria port./galiz. Form von **Irene**
Iriana pers. Variante des Namens **Irene**
Irina russ. Variante des Namens **Irene**
Irida slaw. Variante von **Iris**
Iris griech. Göttin, die als Regenbogen erschien
Irma germ. „die Welt"
Irmela / Irmeli / Irmelin Verklein. von **Irma**
Isa Kurzform von Namen, die mit Isa- beginnen
Isabeau frz. Variante von **Isabel**
Isabella / Isabell / Isabelle Varianten von Isabel
Isabel lat. „Gott ist Fülle"
Isadora / Isidora altgriech. „Geschenk der Göttin Isis"
Isha Koseform für Namen, die mit –isha enden
Ishika ind. „Kind Gottes"
Ishiko jap. „Steinkind"
Ishtar Name einer babyl. und assyr. Muttergöttin
Isis Name einer ägyptischen Fruchtbarkeitsgöttin
Isla schott., nach der Insel Islay vor der Westküste Schottlands
Isobel span. Variante von **Isabel**
Isona katalan., Name einer Stadt in Spanien
Isra arab. „Nachtreisende"
Iqra urdu „rezitieren"
Iva / Ivanka slaw. Koseformen des Namens **Ivana**
Ivana slaw. Form von **Johanna**
Ivory engl. „Elfenbein"
Ivy engl. „Efeu"
Iza Kurzform von Namen, die mit Isa- oder Iza- beginnen
Izzy engl. Kurzform von **Isobel**

Jaane fries. Variation des engl. Namens **Jane**

Jacinta span.; von griech. Hyacintha, einer Blumenart

Jackie engl. Kurzform von **Jacqueline**

Jacklyn / Jaclynn engl. Variationen des Namens **Jacqueline**

Jacqueline / Jaqueline frz./engl. Formen des Namens **Jakobine**

Jacqui engl. Kurzform des Namens **Jacqueline**

Jada Variante des Namens **Jade**

Jade frz./engl., Name eines Edelsteins

Jaden / Jadyn / Jaiden / Jayden Neukreation aus dem engl. Sprachraum; Kombination aus Jay und der Nachsilbe –den

Jadis Name der Weißen Hexe in C. S. Lewis' Roman „Die Chroniken von Narnia"

Jael hebr. „Bergziege"

Jakobina / Jakobine hebr. „Gott schützt"

Jaira hebr. „Lichtschein"

Jalda arab. „Stärke"

Jale türk. „Tautropfen"

Jalia arab. „Größe"

Jalina / Jaline / Jalin fries. Varianten des Namens **Jale**

Jalinda engl., Zusammensetzung aus **Jay** und **Linda**

Jalisa / Jaleesa engl. Kombination aus **Jay** und **Lisa**

Jamie / Jaimie geschlechtsneutraler Name, Kurzform des Namens **James**

Jamila arab „Schönheit"

Jamilia Variante von **Jamila**

Jamina hebr. „rechte Hand"; weibl. Form von Jamin

Jamira weibl. Variante des Namens **Jamar**

Jamuna Variante des Namens **Yamuna**

Jana tschech./südslaw. Kurzform des Namens **Marijana**

Janaína port./bras. Name einer Göttin des Indianerstamms Yoruba

Janan / Jenan arab. „Herz, Seele"

Janaya / Janeya engl. Variationen des Namens **Jane**

Jane / Jayne engl. Formen von **Johanna**

Janessa Kombination aus **Jane** und **Vanessa**

Janet engl. Variante von **Jeannette**

Janice engl. Variation von **Jane**

Jania engl. Variation von **Jane**

Janica / Janika kroat./slowen. Form des Namens **Jana**

Janie / Janey engl. Verkleinerungsform von **Jane**

Janin arab. Variation des Namens **Janan**

Janina / Janine ital./frz. Variationen des Namens **Johanna**

Janira Name einer Nereide in der griech. Mythologie

Janis engl. Variation von **Jane**

Janet engl. Variation von **Jane**

Janett / Janette / Jannett / Jannette Variationen des Namens **Jeannette**

Janka slowak. Variante des Namens **Jana**

Janna schwed./finn., von hebr. „Gott ist groß", weibl. Form des Namens **Jan**

Jannat arab. „Himmel, Paradies"

Janne dän./norweg. Form von **Johanna**

Jara slaw. Kurzform für Namen, die mit Jar- beginnen

Jarina bulg. „die Ungarin"; Kurzform des Namens **Madjarina**

Jasenka kroat. „Esche", weibl. Form von **Jasin**

Jasika bosn. „Espe"

Jasina / Jassina / Jasena weibl. Formen des Namens **Yasin**, arab. „Reichtum"

Jasmin Name einer duftenden Blühpflanze

Jasmina / Jasmine / Jasemin Varianten des Namens **Jasmin**

Jasmeen Variante des Namens **Jasmin**

Jasmeet / Jasmita ind. „Ruhm"

Jasna kroat. „klar, scharf"

Jasra nach einer Küstenstadt in Bahrain

Jay / Jaye engl. Kurzform von Namen, die mit Ja-beginnen

Jaya ind. „Siegerin"

Jayla engl. Kombination aus **Jay** und der Nachsilbe -la

Jaz / Jazz engl. Kurzformen für **Jasmin**

Jean engl. Form von **Johanna**

Jeanne frz. Form des Namens **Johanna**

Jeannette / Jeanette frz. Koseform von **Jeanne**

Jeannie engl. Koseform von **Jane**

Jeannine frz. Verkleinerungsform des Namens **Jeanne**

Jeena engl. Variante von **Gina**

Jehan arab „Welt"

Jekaterina russ. Form von **Katharina**

Jelena russ. Form von **Helena**

Jella fries. Kurzform von Gabriela

Jemima hebr. „Taube"

Jenin eine Stadt in Palästina

Jenna finn. Variante von **Johanna**

Jenne niederl. Kurzform von **Johanna**

Jennet altengl. Variante des Namens **Janet**

Jennifer engl.; abgeleitet von **Guinivere**

Jenny engl. Kurzform von **Jennifer**

Jente niederl. Koseform von **Jenne**

Jerry Kurzform von **Geraldine**

Jess / Jessy / Jessie engl. Kurzformen von **Jessica** und **Jessamyn**

Jessamyn engl. Variante von **Jasmin**

Jessica hebr. „erblicken", erste Erwähn. in Shakespeares „Der Kaufmann von Venedig"

Jette niederl. Kurzform von **Henriette**

Jewel engl. „Juwel"

Jezabel / Jezebel hebr. „die Priesterin"

Jiyan kurd. „Leben"

Jihane pers. „die Welt"

Jill / Jil engl. Ableitungen von **Gillian**

Jillian / Jilian engl. Variationen des Namens **Gillian**

Jinan / Jenan arab. „Paradies"

Jinne niederl./fries. Variation von **Ina**

Jinte / Jinthe Variation von **Jinne**

Jinx Name einer Nymphe aus der griech. Mythologie, die versuchte, Zeus mit einem Liebeszauber, dem Jynx, an sich zu binden

Jimena span. „die Gerechte"

Jo Kurzform von Namen, die mit Jo- beginnen

Joa schwed./finn. Kurzform von Namen, die mit Jo-beginnen

Joan engl. Variante des Namens **Johanna**

Joana „Gott ist gnädig", port. Form von **Johanna**

Joanna / Joanne engl./frz. Varianten des Namens **Johanna**

Jocelyn / Jocelin altengl/frz., von germ. „die Gotin"

Jocy engl. Kurzform des Namens **Jocelyn**

Jodi / Jody / Jodie engl. Variationen des Namens **Judy**

Joelin / Joeline / Joelina hebr. „Der Herr ist Gott", weibl. Formen von **Joel**

Joelle frz., hebr. „Der Herr ist Gott", weibl. Form von **Joel**

Joenna / Joena niederl. Varianten von **Joanna**

Johanna / Johanne hebr. „Gott ist gnädig"

Johari suah. „Juwel"

Jola poln. Kurzform von **Jolanthe**

Jolanda / Jolanthe / Iolanthe lat „Veilchen"

Joleen / Jolene / Jolien Kombination der Namen **Jo** und **Lene**

Jolina Kombination der Namen **Jo** und **Lina**
Joli / Jolie frz. „hübsch"
Jona / Jonah isl. Form des Namens **Johanna**
Joni Kurzform des Namens **Joan**
Jonis schwed. Abwandlung von Johanna
Jonna dän. Kurzform für **Johanna**
Jools Variation des Namens **Jules**
Jordana nach dem Fluss Jordan
Jordan / Jordyn nach dem Fluss Jordan
Jorin kurd. „hochgewachsen"
Jordis isl. „Schwert Gottes"
Josée frz. Form von **Josepha**
Josefa / Josepha hebr. „Gott möge vermehren"
Josefia / Josephia Varianten von **Josefa**
Josefin / Josephin / Joséphin / Josefien / Josephien
engl./frz./niederl. Varianten von **Josefa**
Joseline / Joselina / Joselyn / Joslyn altengl./frz., von
germ. „die Gotin"
Josephina / Josefina Varianten von **Josefa**
Josephine/ Joséphine / Josefine Varianten von **Josefa**
Josette frz. Variante von **Joséphine**
Josiane / Josianne frz. Variation von **Joséphine**
Josie / Josy Koseform von Namen, die mit Jos- beginnen
Joss engl. Kurzform von **Josephine** und **Josslyn**
Josselin / Josslyn altengl/frz., von germ. „die Gotin"
Jouline / Joulina Variationen von Jolina
Jova serb. Kurzform von **Jovana**
Jovana serb. Form von **Johanna**
Jovita span./lat. „Gott schenkt Leben"
Joy engl. „Freude"
Joyce breton./engl. „Herrin"
Juana span. Form von **Johanna**
Juanita span. Verkleinerungsform von **Juana**, „die kleine
Juana"
Judi / Judy / Judie engl. Koseform von **Judith**
Judica lat. „Richte!"
Judith hebr. „Frau aus Judäa"

Jule Kurzform der Namen **Julia** und **Juliane**

Jules engl. Variation des Namens **Julia**

Juli / July lat. „aus dem Geschlecht der Julier"; ein Monatsname

Julia röm. „zur Familie der Julier gehörig"

Juliana / Juliane span./dt. Weiterbildungen des Namens **Julia**

Julianna / Julianne / Julienne engl./frz. Weiterbildungen des Namens **Julia**

Julie frz. Form von **Julia**

Juliet engl. Variante des Namens **Julia**

Juliette frz. Verkleinerungsform von **Julia**

Julica / Julika slaw. Verkleinerungsform von **Julia**

Julina finn./poln. Weiterbildung des Namens **Julia**

Julisa / Julissa span. Erweiterungen von **Julia**

Juma suah. „Sonntag"

Jumana arab. „Perle"

Juna Abwandlung von **Juno**

Junari jap. „dein gewählter Pfad"

June engl. „Juni"

Juni ein Monatsname

Juniper / Junipa engl. „Wacholder"

Junis schwed. Abwandlung von **Jonis**

Juno „Beschützerin der Frauen", Name einer römischen Göttin, auch **Hera** genannt

Justina / Justine lat./frz. „die Gerechte"

Jutta ahd. „die aus Jütland Stammende "

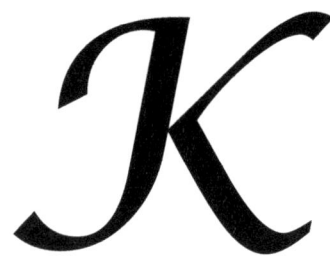

Kada bosn./türk. „edle Dame"
Kader türk „Schicksal"
Kadica bosn. Variante von Kada
Kadira arab. „die Mächtige", weibl. Form von **Qadir**
Kadisha hebr. „heilig"
Kai hawaii. „Meer", schwed. Variante von **Kaja**
Kaia / Kaja skand. Kurzformen von **Katharina**
Kaitlin / Kaitlyn Varianten von **Caitlin**
Kagami jap. „Spiegel"
Kagome jap. „verloren", Figur aus der japan. Anime-
Serie Inuyasha
Kahealani hawaii. „himmlischer Gruß"
Kahina arab. „die Wahrsagerin"
Kailani / Kalani hawaii. „Das Meer und der Himmel"
Kaileigh / Kailey Varianten von **Kaylee / Kayleigh**
Kaira irischeVariante von **Keira**
Kairi jap. „Ozean"; Name einer Figur aus dem jap.
Rollenspiel „Kingdom Hearts"
Kaisu finn. Variante von **Katharina**
Kaitlin / Kaitlyn irisch „Mädchen", irische Form von
Katharina
Kaja nord. „die Reine", Kurzform von **Katharina**
Kajol ind. „Kajal"
Kalea hawaii. „Freude"
Kalika ind., „Zeit", der Göttin Kali entlehnt

Kalina bulg. Name der Pflanzengattung „Schneeball"

Kalinka Verkleinerungsform von **Kalina**

Kalliope griech. Mutter von Orpheus, Muse der epischen Dichtung

Kamalani hawaii. „himmlisches Kind, Himmelskind"

Kami jap. „Gott, Göttlichkeit"

Kamini ind. „begehrenswert"

Kamon thai „Herz, Geist"

Kamryn schott./engl. weibl. Form des Namens **Cameron**, gäl. „krumme Nase",

Kanani hawaii. „die Schönheit"

Kanda thai „geliebt"

Kania sundan. „Jungfrau"

Kara engl./ital. „teuer, lieb", Variation von **Cara**

Karam arab. „Großzügigkeit"

Karen dän. Kurzform von **Katharina**

Kari norweg. Koseform von **Katharina**

Karin schwed. Kurzform von **Katharina**

Karina ital. „die Teure", Variation von **Cara**

Karla ahd. „die Freie"

Karlie engl. Variante von **Carlotta**

Karlotta ahd. „die freie, kraftvolle Frau"

Karima / Kerima arab. „die Edle, Großzügige"

Karma ind. „Schicksal"

Karola german. „die Freie, Tüchtige"

Karolina / Karolin / Karolyn german. „die Freie, Tüchtige"

Karuna ind. „Mitgefühl"

Kashi ind. „leuchtend"; Name einer heiligen Stadt in Indien

Kassandra griech. Wahrsagerin

Kassiopeia in der griech. Mythologie Mutter von Andromeda

Kat engl. Kurzform von **Katherine**

Katalina / Kathalina span./ital. Varianten von Katharina

Katarina / Katerina / Katharina griech. „die Reine"

Kate engl. Kurzform von Katherine

Katelyn engl. Form von **Caitlyn**
Katharine / Katherine engl. Formen von **Katharina**
Käthe altd./bayr. Kurzform von **Katharina**
Kathleen engl. Form von **Caitlyn**
Kati / Katie / Katy Kurzformen von **Katharina / Katherine**
Katja russ. Kurzform von **Katharina**
Katniss Name einer Hauptfigur in Suzanne Collins „The Hunger Games"
Kato afrik./luganda „Zweiter Zwilling"
Katrin / Kathrin dt./schwed. Kurzformen von Katharina
Katrina engl. Variante von Catriona
Karla germ. „die Freie"
Kawena hawaii. „die Glühende"
Kay / Kaye engl. Kurzform von Namen, die mit Ka- beginnen
Kaya Name einer jap. Baumart
Kayana engl. Variation des Namens **Kay**
Kayla engl./jidd. „Lorbeerkranz"
Kaylee / Kayleigh Kombination der Namen **Kay** und **Lee**
Kayra türk. „Geschenk"
Kazuko jap. „Friedenskind"
Kazumi jap. „schöne Harmonie"
Kea fries. Kurzform von Namen, die auf –kea enden
Keana / Keena engl./irisch „altertümlich", weibl. Form des Namens Cian
Keanu hawaii. „kühle Brise"
Keela / Keelin irisch/gälisch „von schlanker Gestalt"
Keely irisch/gälisch „die Schlanke", nach einem irischen Familiennamen
Keiko jap. „glückliches Kind"
Keira engl. Variante von **Kira**
Keisha / Kaisha hebr./engl., von **Cassia**, „Zimt"
Kelly irisch/gäl. „Krieger", urspr. ein männlicher Vorname
Kellyn Erweiterung des Namens **Kelly**
Kelsey / Kelsy altengl. „wild, grimmig"

Kelya frz. Variation von **Kelly**

Kendall engl. „Tal des Flusses Kent"

Kendra engl. weibl. Form des Namens Ken, Kenneth, Name eines irischen Königs

Kenia engl. weibl. Form des Namens Ken, Kenneth, Name eines irischen Königs

Kennedy urspr. ein irischer Nachname

Kenza arab. „Schatz", Name der Mutter Moulay Idris', des Gründers des marokk. Staates

Kenzie Kurzform von **Mackenzie**

Keren hebr. „Lichtstrahl"

Kerrin fries. Variante von **Karin**

Kerry Name einer irischen Grafschaft

Kersti „die Christin", estn./finn. Variation von **Kerstin**

Kerstin „die Christin" schwed. Form von **Christina**

Kerttu finn. Form von **Gertrude**

Kesha / Keshia / Keziah hebr./engl., von **Cassia**, „Zimt"

Khaleesi Figur in der Fernsehserie *Game of Thrones*

Khloe engl. Variation von **Chloe**

Khulan mongol. „wilder Esel", Name einer Ehefrau Dschingis Khans

Kia schwed. Kurzform von **Kristina**

Kiana amerik./engl. von Qiana, einer seidenähnlichen Nylonfaser

Kiara gäl. „schwarz", Variante des Namens **Chiara, Clara**

Kiki Koseform von Namen, die mit Ki- beginnen

Kiliane irisch „Kirche", weibl. Form des Namens Kilian

Kim Kurzform von **Kimberly**

Kimara arab. „Mond", Nebenform von **Qamar**

Kimberly / Kimberley / Kimberlee / Kimberleigh engl. Variationen des Namens einer Stadt in Südafrika

Kimiko jap. „prächtiges Kind"

Kimmie Koseform von **Kimberly**

Kimora / Kimura jap. „Ort der Bäume"

Kinga poln. Koseform von Kunigunde

Kinley nach einem irisch/engl. Familiennamen; gäl. „Sohn des weißen Kriegers"

Kinsley altengl. „königlicher Sieg", nach einem engl. Familiennamen

Kioko jap. „gesegnetes Kind"

Kira / Kyra irisch/engl. Varianten von **Kiara**

Kiran ind. „Sonnenstrahl"

Kirei / Kerei / Kirai jap. „hübsch"

Kirke Zauberin aus der griech. Mythologie

Kirsten „die Christin", dän. Form von **Christina**

Kirsti „die Christin", finn. Variante des Namens Christina

Kirsty „die Christin", schott. Variante des Namens Christina

Kiruna Name der nördlichsten Stadt in Schweden

Kisaki jap. „Prinzessin"

Kitti ungar. Koseform von **Katalin**

Kitty engl. Koseform von **Katherine**

Kjersti norweg. Variante von **Christina**

Klara lat. „die Helle, Leuchtende"

Klarissa russ./lat. „die Helle, Leuchtende", Variation des Namens **Klara**

Klementina / Klementine lat. „die Milde, Gnädige"

Kleopatra Name einer ägyptischen Pharaonin

Kohaku jap. „Bernstein"

Kohana jap. „kleine Blume"

Konani hawaii. „hell, leuchtend"

Konstanze lat. „die Standhafte"

Konnie Kosename für **Kornelia** und **Konstanze**

Kornelia lat. „die Gehörnte" bzw. „vom Geschlechte der Cornelier stammend"

Korona lat. „Krone"

Krimhild / Kriemhild ahd. „die maskierte Kämpferin"

Krista „die Christina", slaw. Kurzform von Kristina

Kristen engl. Variante des Namens **Kristin**

Kristin schwed. „die Christin"

Kristina slaw. Form von **Christina**

Kristiane andere Schreibweise von **Christiane**

Kristy engl. Kurzform von Christina

Kumari Name der Frau eines Kriegers im ind. Epos Mahabharata

Kybele Name einer anatolischen Muttergottheit

Kyla engl. Form von Kyle, nach einem schott. Familiennamen; gäl./engl. „Enge",

Kylie austral. „Bumerang"; gäl./engl. „Enge", weibl. Form von Kyle

Kyoko jap. „Spiegel"

Lacey / Lacy dem Namen einer Stadt in der Normandie entlehnt

Lacrima lat./ital. „die Träne"

Lada slaw., Name einer Liebesgöttin

Ladan somali „gesund"

Ladina schweiz./roman. „die aus Latium"

Laeli polyn. „sanfte Brise"

Laelia weibl. Form des röm. Familiennamens Laelius

Laetitia / Laeticia / Laetizia lat. „Freude"

Laia katalan. Kurzform von **Eulalia**

Laila / Layla arab. „Nacht, Dunkelheit"

Laine estn. „Welle"

Lainey / Laney engl. Variation des Namens **Elaine**

Laira walis. „abnehmende Flut", ind. „Sterne"

Lajana ind. „Sonnenstrahl"

Lakeisha / Lakisha / Lakeshia amerik. Kombinationen aus der Vorsilbe La- und dem Namen **Keisha**

Lakota indian./engl. „Freund", Name eines amerik. Indianerstammes

Lakshmi Name einer hinduist. Göttin für Schönheit

Lale / Laleh pers./türk. „Tulpe"

Lalia griech. „die gut redet", Kurzform des Namens **Eulalia**

Lalie / Laly frz. Koseform von **Eulalie**

Lalita ind. „verspielt, liebreizend"

Lamai thail. „weich"

Lamia arab. „strahlend"

Lana slaw. „Licht", Kurzform von **Svetlana** oder **Alana**

Lane engl. „Pfad"

Lanna engl. weibl. Variation des Namens Alan

Laoise irische Variante des Namens **Louise**

Lara Kurzform von **Larissa**

Larina Kombination aus **Laura** und **Marina**

Larissa griech. „Zitadelle", Name einer antiken Stadt in Thessaloniki

Lark engl. „Lerche"

Lärke dän. „Lerche"

Laryn engl. Variation von **Lauren**

Lätitia / Lätizia lat. „Freude"

Latifah arab. „freundlich"

Latina span. „die aus Lateinamerika stammende"

Latoya Zusammensetzung aus der Vorsilbe La- und dem Namen **Toya**

Laura lat. „Lorbeer, lorbeerbekränzt"

Lauran engl., Variation von **Lauren**

Laureen / Lauretta engl. Variationen von **Laura**

Lauren engl., weibl. Form von Laurence, von lat. „Lorbeer, lorbeerbekränzt"

Laurentia / Laurentine / Laurentina weibl. Formen von Laurentius, „der aus Laurentien Stammende"

Laurina / Laurine weibl. Formen des Namens Laurin, des sagenhaften Zwergenkönigs

Lauryn engl. Variation von **Lauren**

Lavender engl. „Lavendel"

Lavinia lat. „die aus Lavinun Stammende"

Lavonne engl. Komb. aus der Vorsilbe La- und **Yvonne**

Laya arab. Form von Lea

Layana pers. „schön"

Layla arab. „Nacht, Dunkelheit"

Lea / Leah chald. „Herrscherin"

Leana irische Form von **Helena**

Léane frz. Form von **Leana**

Leandra span./ital. weibl. Form von Leander, griech. „Löwe"

Leeanne / Leeanna Kombination aus den Namen **Lee** und **Anna**

Leatrice engl. Kombination aus **Leah** und **Beatrice**

Leda in der griech. Myth. Mutter von Castor, Pollux, Helena und Klytemnestra

Lee altengl. „Waldlichtung"

Leela engl. Variante von **Lila**

Leena finn./estn. Form von **Lena**

Leia griech. Form von **Leah**

Leigh engl. Variante des Namens **Lee**

Leila / Leyla arab. „Nacht, Dunkelheit"

Leilani hawaii. „himmlische Blume"

Leire / Leyre bask; nach dem Namen eines Berges in Navarra

Lena / Lene / Leni Kurzformen von **Helena / Helene**

Lenia Variation des Namens **Lena**

Lenja / Lenya russ./dt. Variante von **Lena**

Lenora / Lenore engl. Varianten von **Eleonora**

Lente niederl. „Lenz, Frühling"

Leona lat. „die Löwin"

Leonice frz./lat. „kleine Löwin"

Leonie / Léonie dt./niederl./frz., von lat. *leo*, „der Löwe"

Leonor span. Form von **Eleonora**

Leonora / Leonore ital./dt. Variationen von **Eleonora**

Leontina / Leontine von lat. *leo*, „Der Löwe"

Leopoldine / Léopoldine dt./frz. weibl. Form von Leopold, „wagemutiger Löwe"

Leslie / Lesley / Lesleigh nach einem schott. Familiennamen, gäl. „Stechpalmengarten"

Lethe griech. „Vergessenheit"; Name eines Flusses in der griech. Unterwelt

Letitia / Leticia / Letizia span./ital. „Freude"

Leto Mutter von Apollo und Artemis in der griech. Myth.

Lettice altengl. Form von **Letitia**

Levke fries. „Liebes, das liebe Kind"

Lexa / Lexi / Lexy Kurzform von **Alexia** und **Alexandra**
Leyna engl./amerik. Variante von **Lena**
Lia / Liah / Lya Variationen des Namens **Leah**
Líadan irisch/gäl. „graue Lady"
Liane / Liana Kurzformen der Namen **Juliane / Juliana**
Lianna / Lianne Zusammensetzung aus der Vorsilbe Li-
und dem Namen **Anna / Anne**
Liara hebr. „mein Licht"
Liberta / Libertad / Liberty lat./span./engl. „Freiheit"
Libussa dt./tschech. „Liebe"
Liesbeth / Lisbeth Kurzformen von **Elisabeth**
Liesl / Liesel niederdt. Koseformen von **Elisabeth**
Liselotte / Lieselotte Zusammensetzung aus **Lise** und
Lotte
Lila / Lilah ind. „Spiel, Unterhaltung"; engl. Kurzform
von **Delilah**
Lilac engl./pers. „Flieder"
Lilas portug. Kurzform von **Liliana**
Lilavati ind. „verspielt, fröhlich"
Lileas / Lilias schott. Form von **Lillian**
Lili / Lilli / Lilly „Lilie"; Kurzf. von **Lilian** etc.
Lilia russ. „Lilie"
Lilian / Lillian engl. Kurzform von **Elizabeth**; bzw. von
lat. *lilium*, „Lilie" abgeleitet
Liliana / Lilliana slaw. Variation des Namens **Lilia**
Liliane / Lilliane frz. Form von Lilian
Lilibeth engl. Koseform von Elizabeth
Lilith „zur Nachtzeit", Name eines weibl. Dämons aus
der assyr. Myth.
Lilla ungar. Koseform von **Livia** oder **Lydia**
Lilo Kurzform von Liselotte
Lilou frz. Kombination aus den Namen **Lili** und **Louise**
Lilwen / Lilwenn breton./walis. „lilienweiß"
Lily engl. „Lilie"
Lima Hauptstadt Perus
Lina / Line Kurzformen von Namen, die auf –lina / -line
enden

Linda span./port. „schön, sanft"

Lindsay / Lindsey / Linsay / Linsey nach einem engl. Nachnamen, urspr. Name eines Ortes namens Lindsey, dem Lincoln Island

Linette Variante von **Lynette**

Linn schwed. Kurzform von **Linnea**

Linnéa / Linea schwed., nach dem botan. Namen des Moosglöckchens

Linnet engl. Name für den Bluthänfling, einer Finkenart mit roter Brust

Liora hebr. „mein Licht"

Lira Name eines Saiteninstruments

Lirabelle moderne Namenskreation mit der Endsilbe *belle*, „hübsch"

Lisa Kurzform von Elisabeth

Lisanne / Lisann niederl. Kombination aus **Lisa** und **Anne**

Lisette frz. Verkleinerungsform von **Lisa**, „kleine Lisa"

Lison frz. Koseform von **Elisabeth**

Lissa Kurzform von **Melissa**

Lissie / Lissy Koseformen von **Elisabeth**

Liv schwed./norweg. „Leben"

Liva nord. Variante von Liv

Livia weibl. Form des röm. Familiennamens Livius

Liya äthiop. Form von **Leah**

Liz / Lizzie engl. Koseform von **Elizabeth**

Liza engl. Kurzform von **Elizabeth**

Ljuba slaw. „Liebe"

Lo schwed. „Luchs", Kurzform von Namen, die mit Lo-beginnen

Loana / Loane bret. „Licht"

Loes niederl. Koseform von **Louise**

Logan schott./gäl. „kleine Höhle", nach einem schott. Familiennamen

Lois griech./engl. „begehrenswert"; Kurzform von **Heloise**

Lola span. Kurzform von **Dolores**, „die Schmerzensreiche"
Lolita Verkleinerungsform von **Lola**
London / Londyn engl.; nach der Hauptstadt Großbritanniens
Loona Variation des Namens **Luna**
Lora / Lore Kurzformen von **Eleonora / Eleonore**
Lorraine weibl. Form von Lothar, „Lothringerin"
Loredana Romanfigur aus George Sands Novelle „Mattea"
Loreen engl. Variation von **Laura**
Lorelei / Loreley altdt. Sagenfigur
Lorena span./ port./ ital. Variationen des Namens **Laura**
Lotta / Lotte schwed. Kurzf. von **Carlotta / Charlotte**
Lottie Koseform von **Charlotte**
Lot niederl. Koseform von **Charlotte** und **Lotte**
Lotus / Lotos Name einer Wasserpflanze
Lou engl. Kurzform von Louise
Louane / Louanne / Lou-Ann frz./ engl. Kombinationen aus **Louise** und **Anne**
Louisa / Louise frz./ engl. Form von **Luisa**
Louison frz. Verkleinerungsform von **Louise**
Lourdes Name eines frz. Wallfahrtsortes
Lova schwed. Kurzform von **Lovisa**
Lovis / Lovisa schwed. Varianten von **Luise**
Luana alban. „Löwin"
Luca / Luka ung./kroat. Varianten des Namens **Lucia**
Lucia von lat. *lux* „Licht"
Lucie / Lucy engl. Formen von Lucia
Lucienne „die bei Licht geborene", weibl. Form des Namens Lucien
Lucille frz./lat. „kleines Licht"
Lucinda port. Kombination aus **Lucia** und **Linda**
Lucretia / Lukrezia nach einem röm. Familiennamen; von röm. *lucrum*, „Reichtum"
Luisa / Luise weibl. Formen des Namens Ludwig, „berühmter Krieg"

Lulu Koseform von Namen, die mit Lu- oder Lou- beginnen

Luna lat. „Mond", die Mondgöttin in der röm. Mythologie

Luned walis. „Bild, Idol"

Lumi finn. „Schnee"

Lupine Name einer Blume, „Wolfsbohne"; von lat. *lupus*. „Wolf"

Lupita span. Koseform von Guadalupe

Lux engl./lat. „Licht"

Luz span. „Licht"

Luzandra span. Kombination der Namen Luz und Alejandra

Luzi / Luzie / Luzia / Luzy lat. „Licht", Variationen von **Lucia**

Lyanna Figur in der Fernsehserie *Game of Thrones*

Lydia griech. „die aus Lydien Stammende"

Lykke dän. „Glück, Erfolg"

Lynn / Lynne walis. „See", engl. Kurzform von **Marylin** oder **Linda**

Lynette / Lynnette walis. „Abbild"; Verkleinerungsform von **Lynn**

Lys altfrz. „Lilie"

Lysandra griech. „die Befreierin"

Lysanne / Lysann niederl. Kombinationen aus den Namen **Lisa** und **Anna**

Mabel „die Liebenswerte", von lat. *amabilis,* „liebenswert"
Mabelle frz. „meine Schöne"
Mabyn walis. „die Jugend"
Macy / Macey nach einem engl. Familiennamen, nach einer Stadt in Frankreich, Massy
Mackenzie / McKenzie irisch/gäl. „Sohn von Conneagh", ursprünglich ein Nachname
Maddie / Maddy engl. Kurzform für **Madeleine**
Madeleine / Madelaine / Madelyn frz./engl. Form des Namens **Magdalena**
Madge engl. Kurzform von **Margaret**
Madhuri ind. „honigsüß"
Madina arab. „das Zentrum"
Madison / Maddison / Madyson engl. „Sohn von Maud", ursprüngl. ein Familienname
Madita Romanfigur von Astrid Lindgren
Madjarina bulg. „die Ungarin"
Madlen / Madleen altdt. Formen von **Magdalena**
Madonna ital. „meine Dame"
Mae / May engl. Kurzformen von **Mary**, **Margaret** und **Mabel**
Maela / Maëlie / Maëlle frz., von breton./kelt. *mael* „Prinz, Anführer"

Maëlys / Mailys / Maylis / Maily frz. Varianten von **Maelle**

Maeva tahitian./frz. „Willkommen"

Maeve gäl. „betörend"

Mafalda ital./port. Variante von Mathilda

Magali / Magalie südfrz. Variante von **Magdalena**

Magda Kurzform von Magdalena

Magdalena / Magdalene hebr. „die aus Magdala Stammende"

Maggie engl. Koseform für Margaret

Magnolia engl., Name einer Blume

Maguy frz. Kurzform von **Marguérite**

Mahalia hebr. „von zarter Gesundheit"

Mahin pers. „zart"

Mahtab pers. „Mondlicht"

Mai / Maj schwed. Variation des Namens **Maria**

Maiara indian./tupi „weise"

Maibrit / Maibritt schwed./dän. Kombination aus den Namen **Mai** und **Britta**

Maika / Maike dt./niederl. Koseform von **Maria**

Maila / Mayla estn. Variationen von **Maria**

Mailin / Maylin dt., Kombination aus **Mai** und **Lina**

Maimuna / Maimouna arab. „in Sicherheit"

Maira / Meyra griech. „sprudelnd", Name einer Nymphe der griech. Mythologie

Maire finn./irische Form von **Mary**

Mairi schott. Form von **Mary**

Mairin irische Koseform von **Maire**

Maisie schott. Koseform von **Margaret**

Maissa / Maïsa frz., von arab. „die Schöne, Schlanke"

Maïsanne frz./arab. „leuchtender Stern, Vollmond"

Maite span. Kombination aus den Namen **Maria** und **Teresa**

Maïwenn frz./breton. Kombination aus **Mari** und *gwenn*, „hell, weiß"

Maja Mutter des Zeus in der griech. Mythologie

Makayla engl. Variation von **Michaela**

Mala ind. „Kette"
Malai thai „Blumengirlande"
Malaika / Maleika arab. „die Engel"
Malak arab. „Engel"
Malalai pashto „trauernd"
Malati ind. „Jasmin"
Malea / Malia / Maleah engl./hawaii. Formen von **Maria**
Malena / Malene schwed./skand. Kurzform von **Magdalena**
Mali thai „Blume"
Malika arab. „Königin"
Malin schwed./norweg. Form von **Magdalena**
Malina slaw. „Himbeere"
Malini ind. „Duft"
Malisa thail. „Jasmin"
Maliyah amerik. Variation von **Malia**
Mallow engl. „Malve"
Malory / Mallory altfrz./engl. „unglückselig"; nach einem engl. Familiennamen
Malou frz./niederl. Kombination aus **Marie** und **Louise**
Malva / Malve schwed./finn./dän., Name einer Pflanze
Malvina gäl. „glatte Stirn"
Manami jap. „Ozean der Liebe"
Manar arab. „das Licht, das uns führt"
Mandy engl. Kurzform von **Amanda**
Manel arab. „die, deren Wünsche erfüllt werden"
Manika ind. „Juwelen, Rubine"
Manina poln. „kriegerisch"
Manisha ind. „Weisheit"
Manja slaw. Variation von **Maria**
Manjari ind. „Knospe des Mangobaums"
Manju ind. „lieblich"
Manon frz. Variation von **Maria**
Manou frz. Kombination aus **Manon** und **Malou**
Manuela hebr. „Gott ist mit uns"
Manyara südafrik. „du wurdest gedemütigt"
Mara / Marah hebr. „bitter"

Maral armen. „Reh"

Maram arab. „Wunsch"

Marama polyn. „Mond"

Marcelina / Marceline ital./frz. Formen von **Marcella**

Marcella / Marcelle weibl. Form von Marcellus, ein röm. Familienname

Marcia port. Form von Marcella

Marcie engl. Verkleinerungsform von **Marcia**

Mare estn. Koseform von **Maria**

Marei dt./schweiz./österr. Koseform von **Marie**

Mareike / Marijke niederdt./niederl. Verkleinerungsformen von **Marei**, „die kleine Marei"

Mareile nordd.Verkleinerungsform von **Marei**

Maren dän. Form von **Marina**

Maret estn. Form von **Margaret**

Marga dt./dän. Kurzform von **Margareta**

Margaery Figur in der Fernsehserie *Game of Thrones*

Margareta / Margarete / Margaretha / Margarethe griech. „Perle", Name einer Blume

Margaret engl. Form von **Margareta**

Margarita / Margerita span. Form von **Margareta**

Margaux frz. Variante von **Margot**

Marguérite frz. Form von **Margareta**

Marge / Margery engl. Kurzformen von **Margaret**

Margit skand./ung. Form von **Margareta**

Margot frz. Kurzform von **Margot**

Mari skand./walis./breton. Form von **Maria**

Maria / Mariah hebr. „die Bittere"

Mariam /Maryam arab. Form von Maria

Marian engl. Variante von **Marion**

Mariana span. Kombination aus **Maria** und **Ana**

Mariamne hebr./griech. Form von Maria

Marianne frz./engl./dt. Kombination aus **Marie** und **Anne**

Maribel span. Kombination aus **Maria** und **Isabel**

Marie frz. Form von **Maria**

Marieke / Marike niederdt./niederl.
Verkleinerungsformen von **Marie**, „die kleine Marie"
Mariel engl. Kombination aus **Maria** und **Muriel**
Mariella / Marielle ital./frz. Koseformen von **Maria /
Marie**
Marietta / Mariette ital./frz. Koseformen von **Maria /
Marie**
Marigold engl. Kombination aus Mary und Gold; Name
einer Blume, „Studentenblume, Tagetes"
Marilla engl. Koseform von **Amaryllis**
Marille niederl./dt. Variante von **Marilla**
Marilou frz. Kombination aus **Marie** und **Louise**
Marilyn engl. Kombination aus **Mary** und **Lynn**
Marina lat. „aus dem Meer"
Marine frz. Form von **Marina**
Marion altfrz. Variation von **Marie**
Mariona katalan. Verkleinerungsform von **Maria**
Mariposa span. „Schmetterling"
Maris Kurzform von einem Titel der Jungfrau Maria, lat.
Stella Maris, „Stern des Meeres"
Marisa ital./span./port. Komb. aus **Maria** und **Luisa**
Marisol span. Kombination aus **Maria** und **Sol**, „Sonne"
Marissa engl. Variante von **Marisa**
Marit schwed./norweg. Form von **Margaret**
Marita dt./niederl./finn. Verkleinerungsform von **Maria**
Marjolein / Marjolaine niederl./frz. „Majoran"
Marjonka slaw. Verkleinerungsform von **Marion**
Marjorie altengl. Form von **Margery**
Marla engl. Kurzform von **Marleen**
Marlen / Marleen Varianten von **Marlene**
Marlena / Marlene Kombination aus **Maria** und
Magdalene
Marley altengl. „schöner Wald", nach einem
Familiennamen
Marnie hebr. „frohlocken, jubeln"
Maroua arab. „massiver Stein"
Martha / Marta aram. „die Dame"

Martina / Martine dt./frz. weibl. Formen von Martin, lat. „der Tapfere"

Maru jap. „Kreis, kreisrund"

Marusha / Maruscha russ./dt. Variante von **Maria**

Marwa arab. Name einer Duftpflanze

Mary engl. Form von **Maria**

Marylin engl. Weiterbildung von **Maria**

Marylou engl. Kombination aus **Maria** und **Louise**

Masako jap. „Kind der Gerechtigkeit"

Masami jap. „anmutige Schönheit"

Mascha / Masha russ. Koseform von **Maria**

Mason „Maurer", nach einem engl. Familiennamen

Mathea / Matea kroat., weibl. Form von Mateo, hebr. „Gottesgeschenk"

Mathilda / Mathilde / Matilda / Matilde von ahd. „die mächtige Kämpferin"

Mattie / Matty engl. Kurzform von **Martha**

Maud / Maude engl. Variante von **Mathilda**

Maura irische Form von **Maria**

Maureen irisch/engl. Variante von **Mairin**

Mavie engl./dt. Kurzform von **Mavis**

Mavis altfrz./engl. „Singdrossel"

Maxi dt. Kurzform von **Maximiliane**

Maxima / Máxima span./lat. „die Größte"

Maximilia dt. Variante von **Maximiliane**

Maximiliane dt./lat. „die Größte"

Maxine engl. Form von **Maximiliane**

May / Mai engl./dt.; ein Monatsname

Maya Mutter des Zeus in der griech. Mythologie

Maylu pusht. „Bärin"

Mayumi jap. „der wahre Bogen"

Meadow engl. „Wiese, Weide"

Meara gäl. „die Fröhliche, Heitere"

Medea Ehefrau Iasons in der griech. Mythologie

Medina arab. „das Zentrum"

Meena ind. „Fisch", Variation von **Mina**

Meera ind. „Ozean", Variation von **Mira**

Meg / Meggie walis. Kurzformen von **Megan**

Megan / Meghan / Meagan walis. „Perle"

Megara griech. „die Grollende"; Name einer antiken Stadt in Griechenland

Megumi jap. „Segen"

Meike dt./niederl. Verkleinerungsform von **Maria**

Meiko jap. „kleine Knospe"

Meilani hawaii. Kombination aus **Melanie** und **Leilani**

Meilin Variante von **Mailin**

Meira hebr. „die Lichtspendende"

Meja / Meia / Meya schwed. „niedermähen"

Melania slaw./span./ital. Form von **Melanie**

Melanie griech. „die Dunkle"

Melda ital./span. Kurzform von Imelda

Melek türk. „Engel"

Melia griech. „Esche", Name einer Nymphe aus der griech. Mythologie

Melian „liebes Geschenk", Name einer Romanfigur aus J. R. R. Tolkiens *Silmarillion*

Melika hawaii. Form von **Melissa**

Melike türk. Form von **Malika**

Melina griech. „die Honigsüße"

Melinda engl., Kombination aus Mel-, wie aus Melanie oder Melinda, und der Nachsilbe -inda

Melis türk. Form von **Melissa**; „Honigbiene"

Melisa span./bosn. Form von **Melissa**

Mélisande frz./germ. „harte Arbeit"

Melisandra engl./span. Kombination aus **Melissa** und **Sandra**

Melissa griech. „die Biene"

Melitta altgriech. Variante von **Melissa**

Mella altirisch/engl. „die Milde, Angenehme"

Melodie / Melody dt./engl., von griech. „ein Lied singen"

Melrose engl. Zusammensetzung der Namen **Melanie** und **Rose**

Melusine Name einer Wasserfee aus der europ. Mythologie

Memory engl. „Erinnerung"

Memphis altägypt. „schön und dauerhaft", Name einer Stadt im Ägypten

Mena span. Kurzform von Filomena, der „Mutigen Freundin"

Menolly Name einer Romanheldin aus Anne McCaffreys Romantrilogie „Die Drachenreiter von Pern"

Menora / Menorah Bezeichnung für den siebenarmigen Leuchter im Judentum

Mera engl. Variation von **Mara**

Meral türk. „Reh"

Meralda span. Kurzform von **Esmeralda**

Mercedes span. „die Gnadenreiche"

Mercy engl. „Gnade"

Meredith walis. „Großer Herr"

Meret altägypt. „die Geliebte", Name einer ägyptischen Göttin des Tanzes, der Musik und der Unterhaltung

Merida span. „eine, die ihren Platz verdient hat"

Merima bosn. Form von **Meryem**

Merit schwed. Form von **Marit**

Merle lat. „Amsel"

Merline / Merlyn walis. „Pony", weibl. Formen von Merlin

Merry altengl. „fröhlich"

Meryem „die Widerspenstige", türk. Form des arab. **Mariam**

Meryl engl. Variante von **Muriel**

Merrelyn engl. Variante von **Marilyn**

Meseret äthiop./amhar. „Fundament"

Messalina röm. „Angehörige der Familie Messala"

Meta dt./schwed./norweg./dän. Kurzform von **Margarethe**

Mette dän./norweg. Verkleinerungsform von Margarethe

Mia / Mya skand./dt./engl. Kurzform von **Maria**

Miana ungar. „die Liebe meines Lebens"

Mica hebr. Kurzform von **Michal**

Micaela ital./span./port. **Form von Michaela**

Mieke niederl. Verkleinerungsform von **Maria**

Michaela hebr. „Wer ist wie Gott?"

Michal hebr. „Bach"

Michalina poln. Verkleinerungsform von **Michaela**

Michèle frz. Variante von **Michelle**

Micheline frz. Verkleinerungsform von **Michelle**

Michelle frz. Form von **Michaela**

Michi jap. „Pfad"

Michiko jap. „schönes kluges Kind"

Micol ital. Form von **Michal**; Name einer Romanfigur des ital. Autors Giorgio Bassani

Midori jap. „grün"

Miharu jap. „schöner Frühling"

Mie dän./niederl. Kurzform von **Maria / Marie**

Mieke niederl. Kurzform von **Marieke**

Miep niederl. Koseform von **Maria**

Mignon frz. „süß, niedlich"

Mika jap. „wunderbarer Duft"

Mikayla amerik. Variation von **Michaela**

Miko jap. „hübsches Kind"

Mila slaw. „die Liebenswürdige", Kurzform von Namen, die mit Mil- beginnen

Milana serbokroat. „die Liebenswürdige"

Milani engl. Variante von **Melanie** bzw. Abwandlung von Namen, die mit Mil- beginnen

Milara slaw./dt. Kombination aus der Vorsilbe Mi- und **Lara**

Mildred altengl. „sanfte Kraft"

Milena serbokroat. „die Liebenswürdige"

Miley weibl. Variante des Namens Miles

Milica slaw. Koseform von **Mila**

Milla skand. Kurzform von **Camilla**

Millaray chilen-/indian./mapuche „goldene Blüte"

Mille dän./norweg./schwed. Kurzform von **Emilia**

Millicent engl./germ. „harte Arbeit"
Millie engl. Kurzform von **Millicent**
Milka hebr. „Königin"
Milou frz./niederl. Kurzform von **Emilie**, sowie von **Marie-Louise**
Milva ital. „Sperber"
Mimi ital./engl. Koseform von Maria oder anderen Namen, die mit M- beginnen
Mina ind. „Fisch"; europ. Kurzform von Wilhelmina
Minako jap. „schönes Kind"
Minali ind. „Fischerin"
Minami jap. „schöne Welle"
Mindy engl. Koseform von **Melinda**
Minea finn., Name einer Romanfigur in Mika Waltaris „Der Ägypter"
Minerva röm. Göttin der Weisheit
Minh chines. „schöne Königin"
Minka dt. Verkleinerungsform von Mina
Minna dt. Koseform von **Wilhelmina**
Minnie engl. Koseform von Wilhelmina
Minona frz./dt. „süßer Liebling", Romanfigur in Johann Wolfgang von Goethes „Die Leiden des jungen Werther"
Minou frz. Koseform von **Mina**
Minttu finn. „Minze"
Minu / Minoo pers. „Himmel, Paradies"
Mira ind. „Ozean"; Kurzform von Namen, die mit *Mir*- beginnen
Mirabai Name einer legendären ind. Prinzessin aus dem 16. Jh.
Mirabeau frz. Variante von **Mirabelle**
Mirabel engl. Variante von **Mirabelle**
Mirabelle frz./lat. „die Wunderbare"
Mirabella ital. Form von Mirabelle
Miracle engl. „Wunder"
Mirai jap. „Zukunft"
Miray türk. „Neumond"
Miranda lat. „die Bewundernswerte"

Mireia span./katalan. Form von **Mireille**

Mireille frz. Verkleinerungsform von **Mirabelle**

Mirella ital. Form von **Mireille**

Miriel Name zweier Romanfiguren von J. R. R. Tolkien

Mirinda esper. „die Wunderbare"

Miriam / Myriam / Mirjam hebr. „die Widerspenstige", Varianten von **Maria**

Miriana ital. Verkleinerungsform von **Maria**

Mirka serbokroat. „friedliche Welt"

Mirthe niederl. Variation von **Myrthe**

Miruna rum., von slaw. *mir*, „Frieden"

Misaki jap. „schöne Blüte"

Mischa / Misha „Bärchen", russ./dt. Koseformen von **Michaela**

Mischka / Mishka russ./dt. Koseformen von **Michaela**

Misako jap. „schönes kleines Kind"

Missy / Missie engl. „kleine Dame"

Misty engl. „neblig"

Mitra / Mithra ind. „Freundin"

Mitzi / Mizzi österr./bayr. Koseformen von **Maria**

Miyako jap. „schönes Kind der Nacht"

Mizuki jap. „schöner Mond"

Moa schwed. „Mutter"

Moana hawaii./maori „Ozean"

Moesha Hauptfigur einer amerik. Fernsehshow

Mohana ind. „bezaubernd"

Mohini ind. „betörend"

Moira irisch/schott. Form von **Maria**

Móirín gäl. „groß"

Moka jap.; Name einer Figur in der Anime-Serie „Rosario + Vampire"

Mokosh Name einer slaw. Göttin der Frauen, der Fruchtbarkeit und des Wassers

Molly altengl. Koseform von **Mary**

Momo jap. „Pfirsich", Hauptfigur im gleichnamigen Roman von Michael Ende

Mona altengl. „Kleine Edle", arab. „Wünsche"

Mone Kurzform von Simone
Moni Kurzform von Monika
Monika Bedeutung unklar, Name der Mutter des hl. Augustinus
Monica engl. Form von Monika
Monique frz. Form von Monika
Monisha ind. „intelligente Frau"
Monja / Monya poln. Koseform von **Monika**
Moon engl. „Mond"
Moreen irische Variante von **Maureen**
Morea griech. „Maulbeerbaum"
Morena ital. „die Dunkle"
Morgaine / Morgane frz. Formen von Morgana
Morgan engl. Form von Morgana; „Morgan le Fay"
Morgana Zauberin der Artussage
Morla lat. „schwarz, dunkel"; Romanfigur in Michael Endes Roman „Die unendliche Geschichte"
Morna gäl. „festlich"
Morrigan irisch „große Königin", myth. Göttin des Todes und des Krieges
Morticia engl. „Bestatterin"
Morven schott. / gäl. „große Lücke", schott. Ortsbezeichnung
Morwen walis. Variante von **Morwenna**
Morwenna / Morvenna walis. „Jungfrau"
Moya irische Variante von **Moira**
Mukami bedeutet in Kenia „Milchmagd, Melkerin"
Mulan chin. „starke Orchidee"
Muna / Mouna arab. „Wunsch, Verlangen"
Munira arab. „die Leuchtende, Strahlende"
Muriel gäl. „helles Meer"
Myfanwy walis. „meine Frau"
Myra Frau aus einem Gedicht des englischen Poeten Fulke Greville
Myrna gäl. „festlich"
Myrthe eine Pflanzenart, früherer Brautschmuck
Myrtle engl. Form von **Myrthe**

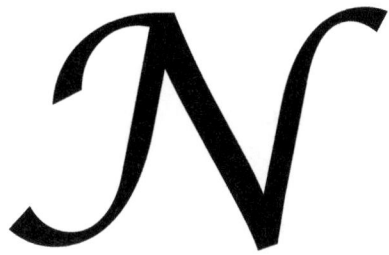

Nada arab. „die Großzügige"
Nadeshda / Nadeschda russ. „Hoffnung"
Nadia / Nadja / Nadya arab. „die Zarte", außerdem
Kurzform von **Nadeshda**
Nadine frz. Variante von **Nadeshda**
Nadua indian. Comanche-Name, „die sich bei uns
wohlfühlt"
Naiara / Nayara bask. Name einer Stadt in Spanien
Naela frz./ arab. „die Erreichende"
Naeli korean. „nach unten", Variation von **Naela**
Naëlle frz.; vermutl. eine Variante von **Noëlle**
Naemi engl.; Variation von **Naomi**
Naida kroat., vermutl. von griech. *naiad*, eine
Wassernymphe
Naila / Nayla / Neila arab. „die ihre Ziele erreicht"
Naika / Naike ind. „die Einzigartige"
Naima / Nayma arab. „ruhig, ausgeglichen"
Naina ind. „die Augen"
Nair Name einer ind. Kastengruppe
Naira indian. Quechua „große Augen"
Nais griech. „Flussnymphe"
Naissa frz. Variante von **Nasya**
Naja arab. Variante von **Nasya**
Najat arab. „Erretterin, Erlösung"
Nala / Nahla ind. „Stern", arab. „ein Schluck Wasser"

Nalani hawaii. „Himmel"
Naledi bantu „Stern"
Nalia suah. Variante von **Nala**
Nalini ind. „Lotosblüte"
Nami /**Namine** jap. „Welle"
Namiko jap. „Wellenkind"
Namira hebr. „die Leopardin"
Nana Kurzform von Namen, die auf –ana enden
Nanami jap. „Sieben Meere"
Nanashi jap. „die Namenlose"
Nane fries. Variation von Anne
Nancy engl. Kurzform von **Agnes**
Nanda ind. „Freude"
Nanette engl./frz. Kurzform von **Anne**
Nani hawaii. „Schönheit"
Nanna isl./dän./norweg./schwed. „die Wagemutige",
Name einer nord. Göttin
Nanni Koseform von **Marianne**
Nanuk inuit „Eisbär"
Naoko jap. „gehorsames Kind"
Naomi hebr. „die Gefällige"
Napirai samburu „die Wohlgeformte"
Nara korean. „Heimatland"
Narcissa / Narzissa Name eines Amaryllisgewächses
Nari korean. „Lilie"
Narin kurd. „die Zierliche"
Naru jap. „Echo"
Nasha / Nascha russ. Verklein. von **Nastassja**
Nasira arab. „die Helferin"
Nasrin pers. „Wilde Rose"
Nasya hebr. „Wunder Gottes"
Nastassja / Natasya russ. Formen von **Anastasia**, griech.
„Wiedergeburt, Wiederauferstehung"
Nata russ. Kurzform von **Natalya**
Natalie / Nathalie frz./engl./dt. Form von **Natalia**
Natalia lat. „Tag der Geburt des Herrn"
Natalya russ. Form von **Natalia**

Natalina span./ital. „die an Weihnachten Geborene"
Natascha / Natasha dt./russ. Verkleinerungsformen von Natalya
Natassja / Natasya russ./ukrain. Formen von **Natalie**
Nati Kurzform des span. Namens Natividad, „Zu Ehren der Geburt"
Natsumi jap. „Schöner Sommer"
Nausikaa / Nausicaa „Schiffe-Verbrennerin", Name einer Figur aus Homers „Odyssee"
Nava hebr. „die Schöne"
Navina ind. „die Neue", tamil. „kleiner Stern"
Nawal / Nawel arab. „Geschenk"
Naya dän., Variante von Naja
Nayana ind. „Augen"
Nayara span./arab. Name einer Stadt in Spanien
Nayeli indian./zapotec „Ich liebe dich"
Naz türk. „schüchtern"
Nazli türk. „zart, zierlich"
Ndidi igbo „Geduld"
Nea schwed. Kurzform von **Linnéa**
Neda arab. Variation von **Nida**
Neela ind. Variation von **Nila**
Nefertari altägypt. „die Wunderschönste"
Nefertiti ägypt. „die Schöne ist gekommen"
Negin pers. „Edelstein"
Nela kroat./tschech. Kurzform von Namen, die auf –nela enden
Nele / Neele Kurzform von **Cornelia**
Neli slowen. Koseform von **Cornelia**
Nelia Kurzform von **Cornelia**
Nell engl. Kurzform von **Eleanor**, **Helen** oder **Ellen**
Nella ital. Kurzform von **Antonella**
Nelly / Nelli Koseform von **Nell**
Nemesis griech. „gerechtfertigter Zorn", griech. Göttin der Rache und der Gerechtigkeit
Nemi schwed./norweg.;von lat. *nemus*, „Hain"; Name einer Comic-Heldin der norweg. Zeichnerin Lise Myhre

Nena Variation von **Nina**

Neo südafrik./tswana „Geschenk"

Nephele griech. „Wolke"

Nera weibl. Form von Nero (Name eines röm. Kaisers)

Nerea bask. „Mine"

Nereida griech. „Nymphe, Meeresgeist"

Neri hebr. „Licht"

Nerida austr./aborig. „Wasserlilie"

Nerys walis. „Herrin"

Neske niederl. Koseform von **Agnes**

Nesrin türk. Form von **Nasrin**

Nessa Koseform von **Vanessa**

Nesta walis. Koseform von **Agnes**

Nestan / Nestani georg.Kurzformen von Nestar-Andarjan; Name einer Prinzessin aus Shota Rustavelis Gedicht „Der Ritter in der Pantherhaut"; von pers. *nist andar jahan*, „wie keine andere in der Welt, einzigartig"

Neta hebr. „Pflanze, Strauch"

Nevada Name eines amerik. Bundesstaates; span. „schneebedeckt"

Nevaeh engl. „Himmel", vom rückwärts geschriebenen Wort „Heaven"

Neve engl./irisch „die Leuchtende"; engl. Variante von **Niamh**

Neves / Nieves port./span. „Schnee"

Nevin türk. „die Neueste"

Newal kurd. „Tal"

Neyla türk. Variante von **Naila**

Ngaio Maori-Name einer Baumart, des „Mauseloch-Baums"

Nia suah. „die Bestimmung"

Niamh irisch „hell, leuchtend"

Nicol / Nicole / Nicola / Nikola dt./frz./ital./russ., von griech. „Sieg des Volkes"

Nici / Nicci / Niki / Nikki / Nicki / Nicky Koseformen von **Nicole, Nicola, Nikola**

Nicolette / Nicoletta frz./ital. Verklein. von **Nicole**

Nicolina / Nicoline / Nikoline / Nikolina
Verkleinerungsformen von **Nicola**
Nida arab. „Ausruf"
Nihal türk. „die Erfolgreiche"
Nika russ. Kurzform von Namen, die auf –nika enden;
Kurzform von **Veronika**
Nike griech. „Sieg"; Name der griech. Siegesgöttin
Nikita / Niketa ind. „Haus"
Nil nach dem gleichnamigen Fluss
Nila / Nilima ind. „dunkelblau"
Nilam ind. „Saphir", Name des Geburtssteins für den
Monat September
Nilay kurd. „Mond über dem Nil"
Nilian brasil. Neukreation, klanglich an **Gilian** angelehnt
Nilufar / Nilofer / Nilofar / Niloofar pers. „Wasserlilie"
Nim Name einer Romanfigur aus Wendy Orrs „Nim's
Island"
Nima arab. „Segen"
Nimue Name einer Zauberin aus der Artuslegende
Nina Kurzform von Namen, die auf –nina enden; span.
„kleines Mädchen"
Ninette frz. Verkleinerungsform von **Nina**
Ninian / Niniane / Niniana walis., nach Ninian, einem
Apostel der Pikten
Ninive Name einer biblischen Stadt im heutigen Irak
Ninon frz. Verkleinerungsform von **Anne**
Ninthe niederl. Variation von **Nina**
Niobe Tochter des Tantalos in der griech. Mythologie
Niraj ind. „beleuchten"
Nisa thail. „Nacht", arab. „Frauen"
Nisanur türk. Kombination aus **Nisa** und **Nur**
Nisha ind. „Nacht"
Nishti ind. „Aufrichtigkeit"
Nita engl. Kurzform von **Anita**, indian./choctaw „Bär"
Nitaya thail. „stetig"
Noa / Noah / Noe hebr. „Bewegung"
Noelani hawaii. „himmlische Schönheit"

Noelia span. Variante von Noel, „Weihnachten"
Noelle / Noëlle / Noélie frz. „Weihnachten"
Noemi / Noémie frz. Form von **Naomi**
Nofretete altägypt. „die Schöne ist gekommen"
Nola engl. Kurzform von **Magnolia** oder **Finola**
Nolene engl. Weiterbildung von **Nola**
Nomi / Noomi finn./schwed. Variationen von **Naomi**
Nona lat. „die Neunte", Name der röm. Göttin der Schwangerschaft
Nora Kurzform von **Honora** und **Eleanor**, Name einer Romanfigur bei Henrik Ibsens „Das Puppenheim"
Noreen engl. Verkleinerungsform von **Nora**
Noris Name einer Nymphe, die die Stadt Nürnberg symbolisiert
Norma engl./lat. „die Regel, das Gesetz"
Noor / Noora arab. Licht, Variante von **Nur**
Nour / Noura arab. „Licht", Variante von **Nur**
Nova lat. „die Neue"
Novalie / Novalee schwed. Kombination aus **Nova** und der Nachsilbe -lie
November lat. „der Neunte", ein Monatsname
Noya hebr. „göttliche Schönheit"
Nuala irisch „weiße Schultern"
Nubia / Nubya altägypt. „Gold"; Name einer alten Region und Königreichs südlich von Ägypten
Nuit frz. „Nacht"
Nur / Nura arab. „Licht"
Nurai / Nuray türk. „Heller Mond"
Nuria span. Titel der Jungfrau Maria, nach einem span. Heiligtum
Nurit hebr. „Butterblume"
Nuru suah./arab. „Licht"
Nyarai südafrik./shona „die Bescheidene"
Nynke fries. Kurzform von **Katharina**
Nyssa Name einer Stadt in Kleinasien
Nyx griech. „Nacht", griech. Göttin der Nacht

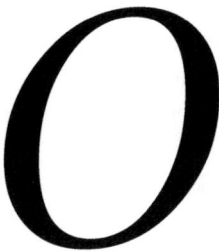

Oakley altengl. „Eichenlichtung", n. e. Familiennamen
Oana rum. Kurzform von **Joana**
Oceana / Océane engl. / frz. „Ozean"
Octavia / Oktavia lat. „die Achte"
Oda germ. „Wohlstand, Reichtum"
Odelia / Odilia engl.; von germ. *odal*, „Vaterland"
Odessa Name einer Stadt in der Ukraine; weibl. Form
von Odysseus
Odette frz. Variante von **Oda** oder **Odilia**
Odila / Odile / Odilja germ. „reiches Vaterland"
Ohana Hawaii. „Familie"
Ola / Ole norweg./schwed., von altnord. „Nachfahre"
Oleana schwed. Weiterbildung von **Ole**
Oleandra von „Oleander", einer Blühpflanze
Olenna Figur in der Fernsehserie *Game of Thrones*
Olga russ. Form von **Helga**
Oline dän./norweg.; weibl. Form von Ole
Olive engl., Name einer Baumart
Olivia engl. Weiterbildung von Olive, erstmals erwähnt
von William Shakespeares Komödie „Was ihr wollt"
Olympia griech., nach dem Berg Olymp, dem myth. Sitz
der griech. Götter
Omara arab. „langes Leben"
Omega der letzte Buchstabe im griech. Alphabet
Omid pers. „Hoffnung"

Ona katalan. Kurzform von **Mariona**
Onati ind. Variante von **Unnati**
Oona gäl. „Lamm", irische Variante von **Una**
Oonagh irische Variante von **Una**
Opal engl., Name eines in bunten Farben funkelnden Edelsteins, des Geburtssteins für den Monat Oktober
Ophelia griech. „Hilfe"
Oprah fehlerhafte Schreibweise des hebr. Orpah „Nacken"
Ora engl./lat. „beten"
Oralie engl. Variante von **Auralie**
Orchidee Name einer Blumengattung
Orelia / Orelie Varianten von **Aurélie**
Oriana ital. „die Goldene", von lat. *aurum*, „Gold"
Oriane / Orianne frz. Formen von **Oriana**
Orit hebr. „Licht"
Orla gäl. „goldene Prinzessin"
Orlanda ital. Form von **Rolande**
Orli / Orly „hebr. „Leuchte für mich"
Ornella ital. „blühende Esche"
Osanna hebr. „Erlöse uns", ital. Name einer ital. Heiligen aus dem 15. Jh.
Osanne frz. Form von **Osanna**
Osha Figur in der Fernsehserie *Game of Thrones*
Osmana arab. „die Starke"
Ostara Name der germ. Göttin des Frühlings, Namenspatin für Ostern
Otilia / Otilie / Ottilia / Ottilie von germ. *odal*, „Vaterland"
Ottavia ital. Form von **Octavia**
Ottaviana ital. Verkleinerungsform von **Ottavia**
Ouafaa arab. „die Treue, Loyale"
Owena walis. „junge Frau"
Oxana / Oksana ukrain./russ. Form von **Xenia**, griech. „die Gastfreundliche"
Ozeana Variante von **Oceana**

Padma / Padme ind. „Lotus"
Paige griech. „kleiner Junge"
Paisley / Paislee / Paisleigh schott. Verballhornung von lat. *basilica*, „Kirche"
Pála isl. Form von **Paula**
Palina russ. Form von **Paulina**
Palmira span. „Palme"
Paloma span. „Taube"
Pam / Pammy engl. Koseformen von **Pamela**
Pamela engl. / griech. „Süßer Honig"
Pamina Figur in Mozarts „Die Zauberflöte"
Pandora griech. „alle Gaben"
Panna ung. Koseform von **Anna**
Pansy engl. „Stiefmütterchen"
Paola ital. Form von **Paula**
Paolina ital. Verkleinerungsform von **Paola**
Panja russ. Kurzform von Namen, die auf -nja enden
Paola ital. Form von **Paula**
Paquita span. Koseform von **Francesca**
Paris frz. Hauptstadt, benannt nach einem kelt. Volksstamm
Parker nach einem engl. Nachnamen, „Hüter des Parks"
Parvana pers. „Schmetterling"
Parvati ind. Tochter der Berge", Name einer hinduist. Göttin

Parvin pers. „die Pleiaden", eine Gruppe von sieben Sternen im Sternsystem Taurus

Pascalina / Pasqualina hebr. „Zum Paschafest", Gedenken an die Flucht aus Ägypten

Pat / Patty engl. Kosenamen für Patricia

Patience engl. „Geduld"

Patrice frz. Form von **Patricia**

Patricia / Patrizia lat. „die Adlige"

Patsy Koseform von **Patricia**

Patty / Patti Koseformen von **Patricia**

Paula lat. „zierlich"

Paulette frz. Verkleinerungsform von **Paula**

Paulien niederl. Form von **Pauline**

Paulina / Pauline Verkleinerungsformen von **Paula**

Pax lat. „Friede"

Paya ind. „Füße"

Payton / Peyton urspr. ein altengl. Familienname

Paz span. „Friede"

Pea engl. „Erbse"

Peach / Peaches engl. „Pfirsich"

Pearl engl. „Perle"

Peggy engl. mittelalterl. Form von **Maggy**, Koseform von **Margaret**

Pele hawaii. Vulkangöttin

Pembe türk. „Rosa"

Penelope griech., Name von Odysseus' Ehefrau in Homers „Odyssee"

Pénélope frz. Form von **Penelope**

Penny engl. Koseform von **Penelope**

Peony engl. „Pfingstrose"

Pepi bayr. Koseform von **Josephine**

Pepita span. Verkleinerungsform von **Josefa**

Pepper engl. „Pfeffer"

Perdita lat. „die Verlorene"

Peregrina span./lat. „die Reisende"

Perla / Perle ital./span./frz. „Perle"

Pernilla Pernille schwed./frz. Kurzf. von **Petronella**

Perpetua lat. „die Unaufhörliche"
Perrine frz. „Petrachen"; weibl. Form von Perrin, Verkleinerungsform von Pierre
Persephone Tochter von Demeter und Zeus in der griech. Mythologie
Petja / Petya finn./russ. Koseform von **Petra**
Petra griech. „Stein"
Petrine norweg./dän. Form von Petra
Petronella ital. Verkleinerungsform von **Petronia**
Petronia weibl. Form von Petronius, ein röm. Familienname
Petrusha / Petruscha / Petrushka / Petruschka kroat./tschech./slow. Verkleinerungsformen von **Petra**
Petunia indian./tupi, Name einer südamerik. Blume
Phaedra / Phaidra „die Strahlende", Tochter von Minos in der griech. Mythologie
Phila engl. Kurzform von Namen, die mit Phil- beginnen
Philadelphia griech. „brüderliche Liebe"
Phileine niederl.; Name der Hauptfigur eines Romans von Ronald Giphart, „Phileine Zegt Sorry"
Philina / Philine griech. „die Liebende, Liebevolle"
Philippa engl./lat. „Pferdefreundin"
Philomena griech. „mutige Freundin"
Philou niederl. Kombination aus **Philippa** und **Louise**, Aussprache wie frz. *filou*, „Gauner"
Phoebe griech. „die Helle, Reine"
Phoenix Name eines geflügelten Fabelwesens aus der ägypt. und griech. Mythologie
Phyllida engl. Variation von **Phyllis**
Phyllis griech. „der Mandelbaum", Name einer Göttin
Pia lat. „die Fromme, Pflichtbewusste"
Piccola ital. „die Kleine"
Piccolina ital. Verkleinerungsform von **Piccola**, „die kleine Kleine"
Pien niederl. Koseform von **Josephien**
Pierrette frz. Form von **Petra**
Pihla finn. „Vogelbeerbaum"

Pika slowen. „Punkt"; dortiger Name für *Pippi Langstrumpf*

Pilar span. „Säule"

Pille estn. Kurzform von **Sibylle**

Pilou dän. Koseform von Namen, die mit Phil- beginnen

Pina ital. Kurzform von Namen, die auf –pina enden

Pinar türk. „Frühling"

Pinta Name des Lieblingsschiffes von Christoph Columbus, von welchem aus er 1492 erstmals Amerika sichtete

Pip niederl. Koseform von **Philippa**

Piper engl. „Pfeifer, Flötist", nach einem Familiennamen

Pippa engl. Kurzform von **Philippa**

Piroshka / Piroschka ungar. „die Rote"

Pixie engl. „Elfe, Koboldin"

Placida ital. „die Ruhige"

Pleun niederl. Koseform von **Apollonia**

Ploy thail. „Edelstein"

Plum engl. „Pflaume"

Pola poln. Form von **Apollonia**

Poldi bayr./österr. Koseform von **Leopoldine**

Polina russ./ukrain./bulg. Form von **Paulina** oder Kurzform von **Apollonia**

Polly engl. Mittelalterliche Variante von **Molly**

Pollyanna engl. Zusammensetzung aus **Polly** und **Anna**

Pooja ind. „Lobpreisung"

Poonam ind. „Vollmond"

Poppy engl. „Mohnblume"

Portia weibl. Form eines röm. Familiennamens

Precious engl. „kostbar"

Preeti ind. „Vergnügen, Freude"

Pria / Priya ind. „Geliebte"

Primrose engl. „Primel, Schlüsselblume"

Princess engl. „Prinzessin"

Priyanka ind. „die von allen Geliebte"

Prisca / Priska lat. „altertümlich", weibl. Form eines römischen Familiennamens

Priscilla Verkleinerungsform von **Prisca**

Proserpina lat. „entstehen", röm. Name der griech. Göttin **Persephone**, eine Göttin der Unterwelt

Prospera lat. „die Erfolgreiche"

Prudence engl. „Klugheit"

Pru engl. Kurzform von **Prudence**

Pua hawaii. „Blume"

Pualani hawaii. „himmlische Blume"

Puanani hawaii. „schöne Blume"

Puk / Puck angelsächs./niederl.; Name eines schelmischen Naturgeistes aus der engl. Legende

Putu balines. „Enkelkind", üblicherweise wird das Erstgeborene so genannt

Qadira arab. „mächtig"
Qamar arab. „Mond"
Qerime alban. „die Großzügige"
Qitura arab. „Duft"
Queenie engl. „kleine Königin"
Queralt Name eines Heiligtums in Spanien
Querida span. „meine Liebe"
Quinn gäl. „Nachfahre des Oberhauptes"; nach einem irisch/engl. Familiennamen
Quinta lat. „die Fünfte"
Quinty niederl. Variation von **Quinta**
Quirina / Quirine lat. „Lanze"; weibl. Form von Quirin

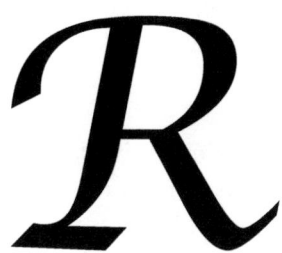

Rabea hebr. „kleines Mädchen"
Rabia arab. „Frühling
Rachel hebr. „Lamm"
Rada / Radica serb./slaw. „die Fröhliche"
Radha ind. „Erfolg"
Radost slaw. „die Freude"
Rae engl. Kurzform von **Rachel**
Rael hebr. „Lamm"
Raelene / Raelyn / Raelynn engl. Variationen von
Rachel; Kombination aus **Rachel** und **Lynne**
Raesha arab. „junge Gazelle"
Rafaela / Raffaela span./ital. Form von **Raphaela**
Ragna nord. Variante des Namens **Regina**
Rahab hebr. „die Barmherzige"
Rahel hebr. „Lamm"
Rahila arab. „die Reisende"
Rahima arab. „die Freundliche, Mitfühlende"
Rahmouna arab. Zusammensetzung aus Rahim, „Der
Barmherzige" und Muna, „Wunsch"
Raia / Raja / Raya russ. Koseformen von **Raisa**
Raica / Raika kroat. „Paradies"
Rain engl. „Regen"
Raina / Rayna bulg. Form von **Regina**
Raine engl., Weiterbildung von **Rain**, oder von frz. reine,
„Königin"

Raisa / Raissa arab. „die Anführerin, jidd. „die Rose"

Raja arab. „Hoffnung"

Rajani ind. „die Dunkle"

Rakesha weibl. Form von Rakesh, ind. „Herr des Vollmondtages"

Rala ind. „Juwel"

Ralitsa bulg. Name der Blühpflanze „Rittersporn"

Rallou griech.; Name einer griech. Schauspielerin und Prinzessin aus dem 19. Jh.

Raluca rum. Kurzform von **Rallou**

Ramai malay „übervoll"

Ramea ind. „die Liebliche"

Ramona germ./ahd. „weise Beschützerin"

Ran jap. „Orchidee"

Rana arab. „anziehend, eine Augenweide"

Randa arab. „duftender Baum"

Randi /Randy engl. Kurzform von **Miranda**

Ranguna abgel. von Rangun, einer Stadt in Myanmar

Rani ind. „Königin"

Rania / Ranya / Raniya arab. „die Blicke auf sich zieht"

Raphaela dt.; hebr. „Gott hat geheilt"

Raphaëlle frz. Form von **Raphaela**

Raquel / Raquelle frz. Formen von Rahel

Rasa litau. „Tau"

Rasha arab. „junge Gazelle"

Rashida arab. „die Rechtgeleitete"

Rashmi ind. „Sonnenstrahl"

Rava esp. „die Hinreißende"

Raven engl. „Rabe"

Ravenna engl. Erweiterung von **Raven**; Stadt in Italien

Ravid hebr. „Zierde"

Raya bulg. Kurzform von **Raina**

Rayan arab. „üppig"; Name eines der Tore zum Paradies

Rayen chilen./mapuche „Blume"

Rayhana arab. „Basilikum"

Rayle Variante von **Rael**

Rayanne / Rayenne arab. Varianten von **Rayan**

Reagan / Regan irisch/engl. „die Impulsive"

Reba engl. Kurzform von **Rebecca**

Rebecca / Rebekka / Rebekah hebr. „eine Schlaufe binden", Name der bibl. Ehefrau des Isaak, und Mutter von Jakob und Esau

Reem / Reema arab. „weiße Antilope"

Reena ind. „geschmolzen"

Reese walis. „enthusiastisch"

Reeva engl./hebr. Koseform von **Rebecca**

Regan engl., vermutl. eine Variante von **Regina**

Regina lat. „Königin"

Regula lat. „Regel, Gesetz"

Rehan / Reyhan türk. Formen von Rayhana

Rema ital., weibl. Form von Remo (Remus) dem legendären Mitbegründer der Stadt Rom

Remy engl. weibl. Form des Namens Remigius, von lat. *remigis* „Ruderer"

Rena Kurzform von **Renate** und **Verena**

Renée / Renee frz./engl. Variante von **Renate**

Renesmee Kombination aus **Renée** und **Esme**; Romanfigur aus Stephenie Meyers *Twilight-Saga*

Renata / Renate lat. „die Wiedergeborene"

Reni Koseform von **Renate** und **Verena**

Resi bayr./öster. Koseform von **Teresa**

Reshmi ind. „Seide"

Reva ind. „die sich bewegt"

Reyes span. „Könige", nach dem Beinamen der Jungfrau Maria „La Virgen de los Reyes"

Reyna span. „Königin"

Rhea /Rea griech./röm., Mutter von Romulus und Remus, den myth. Begründern Roms

Rheanne / Rhianna walis. Varianten von **Rhiannon**

Rhiannon walis. „große Königin"

Rhoda / Roda griech. „Rose"

Rhona walis. „Speer"

Rhonda walis. „Guter Speer"

Rhonwen walis. „helles Haar"

Rhosyn walis. „Rose"
Ria dt./niederl. Kurzform von Maria
Rianna Variante von **Rhianna**
Rica Kurzform von Namen, die auf –rica enden
Ricarda / Richarda ital./germ. „tapfere Kraft"
Richelle frz. Kombination aus **Richarda** und **Michelle**
Ricki / Ricky / Rikki Kurzformen von **Ricarda /
Richarda**
Rieke niederl./dt. Kurzf. von Namen, die auf –rieke
enden
Riham / Rihem arab. „feiner Regen"
Rihanna engl. Variante von **Rayhana**
Rika / Rike Kurzformen von Namen, die auf –rika /-rike
enden
Riley einem irischen Familiennamen, **Reilly**, entlehnt
Rima arab. Variante von **Reem**
Rin jap. „die Würdevolle"
Rina hebr. „Freude"
Riona irisch „Königin"
Risha ind. „Feder"
Rita Kurzform von **Margarita** und anderen Namen, die
auf –rita enden
Riva hebr. Koseform von Rebecca
Rivka hebr. Form von **Rebecca**
Riya ind. „Sängerin"
Rixa niederl./dt. Kurzform für **Richarda** und **Friederike**
Roanne / Rowanne irisch/engl. „Vogelbeerbaum"
Roberta germ. „heller Ruhm"
Robin / Robina / Robyn engl. „Rotkehlchen", Varianten
von Roberta
Robinia „Robinie", Name eines Laubbaums
Rochelle frz./engl. „kleiner Fels", Stadt in Frankreich
Rohan ind. „aufstrebend"
Róis irisch „Rose"
Róisin irisch „Röschen"
Rola germ. „die Tapfere"
Rolande frz./germ. „Ruhm für das Land"

Roma Name der ital. Hauptstadt Rom; Kurzform von **Romana**

Romane / Romaine frz. Formen von **Romana**

Romana lat. „die Römerin"

Romayne engl. Form von Romana

Romee / Romée frz./niederl.; weibl. Form von Romeo

Romina ital. Variation von Romana

Romney ein engl. Familienname unbekannter Bedeutung

Romy / Romi Koseform von Rosemarie

Rona schott. Kurzform von **Rowena**

Ronda walis. „guter Speer"

Roni hebr. „meine Freude"

Ronit hebr. „Freude, Lied"

Ronja / Ronya Name der Hauptprotagonistin in Astrid Lindgrens „Ronja Räubertochter"

Ronnis Variante von **Ronja** oder **Veronika**

Rosa / Rose, von germ *hroth*, „Ruhm"; Name einer Blume sowie eines Farbtons

Rosabel / Rosabella Kombination aus **Rosa** und der Nachsilbe –bel, bzw. **Bella**, „die Schöne"

Rosaire frz. „Rosenkranz"

Rosalia / Rosalie / Roselia spätlat. Var. von **Rosa**

Rosalin / Rosalina / Rosaline mittelalterl. Varianten von **Rosalinda**

Rosalinda / Rosalinde / Rosalind lat. „wunderschöne Rose"

Rosamond / Rosamunde lat. „reine Rose"

Rosanna ital. Kombination aus **Rosa** und **Anna**

Roseanna / Roseanne / Rosanne engl. Kombinationen aus **Rose** und **Anne**

Roselyn / Roslyn engl. Variation von **Rosalinda**

Rosemarie / Rosmarie Kombination aus **Rosa** und **Maria**

Rosemary engl. Form von **Rosemarie**

Rosette frz. Verkleinerungsform von **Rosa**

Rosi / Rosy / Rosie Kurzformen von Namen, die mit Ros- beginnen

Rosica / Rositza bulg. Verkleinerungsform von **Rosa**

Rosina ital. Verkleinerungsform von **Rosa**
Rosita span. Verklein. von **Rosa**, „die kleine Rosa"
Rosmarijn / Rozemarijn niederl. „Rosmarin", niederl.
Variante von **Rosemarie**
Roula griech. Kurzf. von Namen, die auf –roula enden
Rousha / Rosha / Rusha arab. „die Heitere"
Roshan pers. „leuchtend, hell"
Roshni pers. „Glanz"
Rosita span. Verkleinerungsform von **Rosa**
Rowan „Nachkomme des Roten"; nach einem irisch / gäl.
Familiennamen
Rowena Romanfigur in Sir Walter Scotts „Ivanhoe"
Roxanne / Roxana / Roxane griech. / pers.
„Morgendämmerung"
Roxy engl. Kurzform von **Roxanne / Roxana**
Roya pers. „Traum"
Ruba arab. „Hügel"
Rubia span. „die Blonde"
Rubina ital. „Rubin", lat. „rot"
Rubini ind. „Süß"
Ruby engl. „Rubin", Geburtsstein für den Monat Juli
Rue engl. Name einer bitteren Heilpflanze, „Raute",
Koseform von **Ruth**
Rufina span. / lat. „die Rothaarige"
Rukiyah arab. „Zauber"
Rumer engl. „Zigeunerin"
Runa / Rune altnord. „Geheimwissen"
Rushita ind. „kluges Mädchen"
Ruslana ukrain., von türk. *arslan*, „Löwe"
Ruth hebr. „Freundin"
Ruvani ind. „kostbar"
Ruzica serbokroat. Koseform von Rusa, Rosa
Ryann / Ryanne / Ryana gäl. „kleiner König"
Rylie / Ryleigh, Rylee / Ryley einem irischen
Familiennamen, **Reilly**, entlehnt
Ryma arab. Variante von Rima
Ryoko jap. „hilfsbereites, gutes Kind"

Saba arab./türk. „der Morgen"
Sabatina hebr./ital. „ausruhen"
Sabela galiz. Form von **Isabelle**
Sabeth engl. Kurzform von **Elisabeth**
Sabia arab. „schön, bezaubernd"
Sabin arab. „Angehöriger einer anderen Religion"
Sabina / Sabine lat. Name eines antiken Volkes aus
Mittelitalien
Sabira arab. „die Geduldige"
Sabishi jap. „einsam"
Sabita türk./alban. „bestehen, fest sein"
Sabra Tochter des Ptolemäus in der „Goldenen Legende"
Sabria / Sabriya / Sabriye türk./arab. „die Geduldige"
Sabrina abgel. vom latinisierten walisischen Namen
Habren für den Fluss Severn
Sacha frz. Form von **Sasha**
Sada jap. „Perfektion"
Sade / Sadie engl. Koseformen von **Sarah**
Sadia arab. „die Glückliche"
Sadira arab. „Lotusbaum"
Safa arab. „Unschuld"
Saffron engl. „Safran"
Safia / Safiya arab. „die Reine"
Safina afrik. „Arche Noah"
Safran türk./arab.; nach dem gleichnam. Gewürz

Saga Name der nord. Göttin der Poesie
Saguna ind. „die Tugendhafte"
Sahar arab. „Morgendämmerung"
Sahini von pers. *shahin*, „Wanderfalke"
Sahirah arab. „die Wachsame"
Sahra arab./türk. „Wüste"
Saida arab. „Reisende"
Saela isl. „Glückseligkeit"
Saiko jap. „die Beste"
Saima arab. „die Fastende"
Sajana ind. „Umarmung"
Saki jap. „Blüte der Hoffnung"
Sakina arab. „Ruhe, Frieden"
Sakura jap. „Kirschblüte"
Sala suah. „Gebet"
Salea hebr./engl. Variation von **Sally**
Salia / Saliah / Saliya arab. „die Glückliche"
Salima / Selima arab. „in Sicherheit"
Salina Variation von **Selina**
Salinda lat. „himmlisch"
Salisha hebr. „die Erhabene"
Selisha Kombination des Namens **Selma** mit der Nachsilbe –isha
Salka isl. Koseform von **Sarah**
Sally engl. Koseform von **Sarah**
Salma arab. „in Sicherheit"
Salome / Salomé aram./hebr. „Frieden"; bibl. Name der Tochter von Herodias
Saloni ind. „Geliebte"
Salvia lat. „die Heilende", botanischer Name des Salbei
Salvina lat. Variante von **Salvia**
Sam Kurzform von Namen, die mit Sam- beginnen
Sama ind. „Himmel"
Samaara / Samara / Samarah nach dem bibl. Ort Samara, hebr. „Beobachter-Berg"
Samai Bezeichnung für einen syrischen Hoftanz

Samantha Zusammensetzung aus **Sam** und *antha*, griech. „Blume"

Samea Variante von **Samia**

Samia arab. „die Erhabene"

Samin / Samina ind. „kostbar"

Samira arab. „abendliche Gesprächspartnerin"

Sammie / Sammy Koseformen von Namen, die mit **Sam**beginnen

Samoa Name eines Inselsaats in Polynesien

Samuela ital, weibl. Form von Samuel, hebr. „Gott hat erhört"

Sana / Sanaa arab. „Glanz"

Sanam ind. „Geliebte"

Sanda rum./kroat. Kurzform von **Alexandra**

Sandra Kurzform von Alexandra

Sandrine frz. Verkleinerungsform von **Alexandrine**

Sandy engl. Koseform von **Alexandra** oder **Sandra**

Sanina arab. „Kindheitsfreundin"

Saniyah / Sanya arab. „die Prächtige"

Sanja serbokroat. „Traum"

Sanjana ind. „Schöpfer"

Sanna schwed./finn. Kurzform von **Susanna**

Sanne schwed./niederl. Kurzform von **Susanne**

Sanni finn. Kurzform von **Susanne**

Sansa Figur in der Fernsehserie *Game of Thrones*

Santa ital. „die Heilige"

Santiana / Santianna Titel eines Seemannsliedes

Sanya russ. Kurzform von Alexandra

Saoirse gäl. „Freiheit"

Saphira Variante von **Sapphira**

Saphhira / Sapphire hebr./engl. „Saphir"; Geburtsstein für September

Sappho Name einer berühmten griechischen Dichterin aus der Antike

Sarah / Sara / Sahra hebr. „Prinzessin, Fürstin"

Sarai hebr. „Meine Prinzessin"

Saray span. Variante von **Sarai**

Sari finn. Form von **Sarah**
Saria Variation von **Sarah**
Sarina Kombination aus **Sarah** und **Serena**
Sarnai mongol. „Rose"
Sasa Koseform von Sarah
Sascha / Sasha slaw. Koseform von Alexandra
Sashi / Shashi ind. „Mond"
Sasette frz. Koseform von Saskia u. a. Namen, die mit *Sa*-beginnen
Saskia germ. „vom Stamm der Sachsen"
Satomi jap. „hübsch und klug"
Satu finn. „Märchen"
Savanna / Savannah indian./ taino „Grasebene"
Savia ital. „die Kluge"
Savina ital. Form von **Sabina**
Savitri ind., Name eines hinduistischen Sonnengottes
Savonne / Shavonne gäl. Varianten von **Siobhán**
Savouen kambodschanischer Name von unklarer Bedeutung
Sawa jap. „Sumpf"
Saya jap. „Frieden"
Sayali ind. „schöne duftende Blume"
Sayuri jap. „kleine Lilie"
Scarlet / Scarlett pers./altfrz./engl., ein roter Farbton, „scharlachrot"
Seanna irische Form von Johanna
Sebastiana / Sebastiane ital. weibl. Formen von Sebastian, lat. „der aus Sebaste"
Sébastienne frz. weibl. Formen von Sebastian
Ségolène frz. Variante von **Sieglinde**
Sela / Selah hebr. „Fels"
Sekai südafrik./shona „humorvoll"
Selena / Selene span./russ./griech. von griech. „Mond"
Selin türk. „frisches Wasserplätschern"
Selina Variante von **Céline** oder **Selena**
Selma Kurzform von Anselma, germ. „Helm Gottes"
Selyse Figur in der Fernsehserie *Game of Thrones*

Semona Variante von **Simona**
Sena ind. „Pfeil"
Senta Kurzform von Crescentia, lat. „die Wachsende"
Séphora / Sepphora frz./griech. „Vogel"
Serafina / Sarafina Varianten von **Seraphina**
Seraina schweiz./rom. Form von **Serena**
Seraphina / Séraphine frz./hebr. „die Feurigen", nach einer Gruppe von sechsflügeligen Engeln
Seren walis. „Stern"
Serena lat. „heiter, gelassen"
Serenity engl. „Gelassenheit"
Severina / Severine lat./frz. „die Ernste"
Sevgi türk. „Liebe"
Shadia / Shadiya, Shadea arab. „die Sängerin"
Shae / Shay / Shaye gäl. „bewundernswert"
Shaelyn / Shaylyn engl. Komb. aus **Shae** und **Lynn**
Shaina / Shayna jidd. „die Schöne"
Shakira arab. „dankbar"
Shakti ind. „Kraft"
Shanaya ind. „erster Sonnenstrahl"
Shani hebr. „scharlachrot"
Shania engl.Variation von **Shani**
Shanna / Shana engl. Variation von **Shannon**
Shannon / Shannen nach dem Fluss Shannon in Irland
Shantelle / Shantel Varianten von **Chantel**, frz. „Gesang"
Shanti ind. „ruhig, ausgeglichen"
Shari Koseform von **Sharon** oder **Sherry**
Sharifa arab. „die Erhabene"
Sharleen / Sharlene Varianten von **Charleen / Charlene**
Sharon hebr. „(fruchtbare) Ebene"
Shashi ind. „Mond"
Shawna / Shauna / Shona engl. Variation von **Jeanne**
Shayla Kombination von **Sheela** und **Kayla**
Shayna / Shaina jidd. „schön"
Sheba hebr. „Versprechen"
Sheena schott./engl. Form von **Jeanne**

Sheila irische Form von **Cecilia**
Shekinah hebr. „Gottes Präsenz"
Shelby urspr. ein engl. Familienname, von altnord. „Weidenhof"
Shelly / Shelley ein engl. Familienname, bekannte Namensträgerin ist Mary Shelley, die Autorin von „Frankenstein"
Sherry engl., von frz. *chérie*, „lieb"
Shevaun / Shevon gäl. Varianten von **Siobhán**
Shiloh hebr. „ausgeglichen"
Shira hebr. „Poesie"
Shirin / Shireen pers. „süß"
Shirley altengl. „helle Lichtung", urspr. ein engl. Familienname
Shiva pers. „wortgewandt"
Shivali ind. „Von Shiva geliebt"
Shoshannah / Shoshana hebr. Form von **Susanna**
Shprintzel jidd. Form von **Esperanza**, span. „die Hoffnung"
Shulamith hebr. „Frieden"
Sian / Siana / Siani walis. Formen von **Jeanne**
Sidney /Sydney ein englischer Familienname; Name einer Stadt in Australien
Sidonia / Sidonie lat. „von Sidon stammend"
Sienna engl. orangeroter Farbton; Stadt in Italien
Sierra span. „Gebirge"
Sigalit hebr. „Veilchen"
Sieglinde / Siglinde germ. „sanfter Sieg"
Sigrid altnord. „schöner Sieg"
Signe schwed./norweg./dän. Variante von **Signy**
Signy altnord. „neuer Sieg"
Sila türk. „Wiedervereinigung"
Sìleas schott. Form von **Cecilia**
Silja finn. Koseform von **Cecilia**
Silvana ital./lat. „Wald"
Silvia / Sylvia lat. Wald"
Silvie / Sylvie frz. Formen von **Silvia**

Sina / Sinah Kurzform von Namen, die auf –sina enden
Sine irisch, Kurzform von **Siobhán**
Sinistra ital./lat. „die Finstere"
Simin pers. „die Silbrige"
Simona / Simone weibl. Formen von Simon, hebr. „Er hat gehört"
Simran sikh „Meditation"
Sinéad irische Form von **Jeannette**
Sinjun / Sinjon / Sinjin altengl. Abwandlungen von „St. John"
Siobhán gäl. Form von Jehanne, einer normannischen Variante von **Jeanne**
Sira ind. „begehrt"
Siran armen. Kurzform von Siranush, „lieblich"
Siri schwed./norweg./dän. Kurzform von **Sigrid**
Siria / Syria griech. „brennend"; nach dem Namen Sirius, einem hellen Stern in der Konstellation Canis Major
Sirin / Sirine skand./frz. Variation von **Severine**
Sirintra thai „wunderschöner Mond"
Sissi bayr./österr. Koseform von **Elisabeth**
Sissy engl. Kurzform von **Cecilia, Frances** oder **Priscilla**
Sita Name einer hinduist. Erntegöttin
Siv altnord. „Braut"
Sixtina / Sixtine lat. „die Sechste"
Sky engl. „Himmel", Kurzform von **Skylar**
Skylar / Skyler / Skyla engl./niederl. „Gelehrte"
Smilla schwed. „Lächle"
Soey Variante von **Zoé**
Sofia / Sofie griech. „Weisheit"
Sol / Sole span./ital. „Sonne", Kurzform von **Soledad**
Solana span. Kombination aus **Sol** und **Ana**
Solange frz. Form von *solemnis*, lat. „religiös"
Soleil frz. „Sonne"
Solenne / Solène / Soline frz. Varianten von **Solange**
Soledad span. „Einsamkeit"
Sóley isländ. „Butterblume"
Solveig norweg./schwed., von altnord. „starke Sonne"

Solvita finn. Kombination aus **Sol**, „die Sonne" und **Vita**, „das Leben"
Sona ind. „Gold"
Sonja / Sonya / Sonia russ. Form von **Sophia**
Sonne nach dem Himmelskörper
Sontje fries. „kleine Sonne"
Sophie / Sophie griech. „Weisheit"
Sora jap. „Himmel"
Soraya arab. „Pleiaden", eine Gruppe von sieben Sternen in der Sternenkonstellation Taurus
Sorcha gäl. „strahlend"
Souzan / Suzan pers. „leidenschaftlich, entflammt"
Sparrow engl. „Spatz"
Stacy / Stacey Koseform von **Anastasia**
Stefanie / Stephanie / Stefania griech. „die Krone"
Stephenie engl., weibl. Form von Stephen
Stella lat. „Stern"
Stina / Stine schwed./norweg./dän. Koseformen von **Christina / Christine**
Storm / Stormi von engl. *storm* „Sturm"
Sudevi hinduist. Name der Ehefrau Krishnas
Sue engl. Koseform von **Suzanne**
Suhaila arab. „ebenmäßig"
Suhani ind. „die Schöne"
Suki jap. „Liebe"
Sulamith hebr. „Frieden"
Sulis kelt. Name einer Göttin, die an der Therme im englischen Bath verehrt wurde
Sumati ind. „weise"
Summer engl. „Sommer"
Suna türk. „schön"
Suni ind. „Gläubige"
Sunita ind. „die Wohlerzogene"
Sunja Variante von **Sonja**
Sunniva altengl. „Geschenk der Sonne"
Sunny engl. „sonnig"
Sunshine engl. „Sonnenschein"

Sura arab. „Koranvers"
Suri jidd. Form von **Sarah**
Susan engl. Form von **Susanne**
Susanna / Susanne / Susannah hebr. „Lilie"
Suzie engl. Koseform von **Susan / Susanna**
Svea schwed. „die Schwedin"
Svenja weibl. Form von Sven, von altnord. *Sveinn,*
„Junge"
Svetlana / Swetlana slaw. „Licht"
Sveva ital., „vom Stamm der Sueben"
Synne norweg., von altengl. **Sunniva**, „Geschenk der
Sonne"
Sybille / Sybilla griech. „Prophetin"
Sybil engl. Form von Sybille

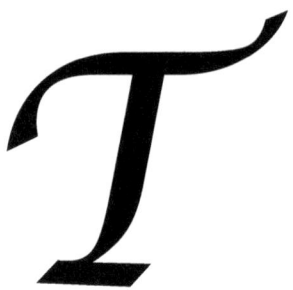

Tabea dt. Kurzform von **Tabitha**
Tabitha / Tabita aram. „Gazelle"
Tadea span./griech. „Gottesgeschenk"
Tahani arab. „Glückwünsche"
Taia / Taja slowen./kroat. Kurzform von **Tatjana**
Taimi finn. „junger Baum"
Taina finn. Kurzform von **Tatjana**
Taïs / Thaïs port./griech. „Bandage"
Tamanna ind. „Wunsch"
Talasi indian./hopi „Kornblume"
Tale fries. Kurzform von **Adelheid**
Talea / Thalea fries. Erweiterung des Namens **Tale**
Tali hebr. „Tau"
Talia / Thalia griech. „erblühen"; Name einer der neun
Musen aus der griech. Mythologie
Talisa engl. Variante von **Talisha**
Talisha engl./amerik. Kombination aus Namen, die mit
Tal- beginnen, und der Nachsilbe -isha
Talitha / Thalita aram. „kleines Mädchen"
Tallulah / Tallula indian./choctaw „Springende
Wasser"; Name eines Wasserfalls in Georgia, USA
Tam hebr. „unschuldig"; Kurzform von **Tamara**
Tamar / Tamara hebr. „Palme"
Tamaris hebr. Variante von **Tamara**

Tamea / Tamia engl., Erweiterung von Namen, die mit Tam- beginnen

Tami / Tammie / Tammy Koseformen von **Tamara**

Tamiko jap. „sehr schönes Kind"

Tamina weibl. Form von Tamino, einer Figur aus Mozarts „Zauberflöte"

Tamika amerik. Variation von **Tamiko**

Tamlin / Tamlyn Name einer tragischen Figur aus der alten schottischen Ballade „The Complaynt of Scotland'

Tamsin / Tamsen / Tamsyn / Tamzin corn. Form von **Thomasina**

Tana fries. Variante von **Tanne**

Tani jap. „Tal"

Tania / Tanja russ. Kurzform von **Tatjana**

Tanika / Taneka amerik. Kombination aus **Tanya** und **Tamika**

Tanis „Schlangenfrau", Name einer phöniz. Göttin für Liebe, Furchtbarkeit, den Mond und die Sterne

Tanisha engl./amerik. Kombination aus Namen, die mit Tan- beginnen, und der Nachsilbe –isha

Tanne fries. von germ. *thanc* „Gedanke"

Tansy Name einer Heilpflanze mit gelben Blüten, „Rainfarn"

Tara irisch „heiliger Hügel"

Tari Kurzform von **Nefertari**, „die Wunderschönste"

Taru finn. „Legende"

Taruni ind. „junges Mädchen"

Tarja finn. Form von **Daria**

Taryn weibl. Form von Tyrone, Name einer nordirischen Grafschaft

Tasha russ. Kurzform von **Natascha**

Tashi tibet. „Glück"

Tasnim / Tasneem arab. Name einer Quelle im Paradies

Tata slaw. Koseform von **Natascha**, **Natalja**, **Tatjana** oder **Zlata**

Tatiana / Tatjana slaw./europ., weibl. Form von Tatianus, eines röm. Familiennamens.

Tatum engl. Weiterbildung von **Tata**, nach einem engl. Familiennamen

Tawny engl. „hellbraun"

Taya jap. „Tal"

Tayla engl. Komb. aus **Taylor** und der Nachsilbe *-la*

Taylin engl./amerik. Kombination aus **Taylor** und **Lynn**

Taylor/Tayler vom engl. Familiennamen Taylor, „Schneider"

Taynara moderne US-amerik. Namenskreation

Tea kroat./dän./finn. Kurzform von **Dorothea**

Teagan nach einem Familiennamen, gäl. „Nachfahre des Poeten"

Tegan gäl. „hellhäutig, blond"

Tehani hawaii. „Liebling"

Temari jap. Name eines Ballspiels

Tempest engl. „Sturm"

Tendai südafrik./shona „Sei dankbar"

Tennessee indian./cherokee; Name eines US-amerik. Bundesstaates

Tenshi jap. „Engel"

Tenten jap. „dies und das"

Teres/Teresa/Teresia europ., von griech. „Sommer, Ernte"

Terra lat. „Land, Erde"

Tess/Tessa/Thessa Koseformen von **Teresa/Theresa**

Thais/Thaïs frz., von griech. „Verband"

Thandie südafrik./xhosa, Kurzform von xhosa *Thandiwe*, „die Geliebte"

Thea Koseform von **Dorothea** und **Theodora**

Theda engl. Kurzform von **Theodora**

Thekla griech. „Gottes Herrlichkeit"

Thelma engl., unklare Bedeutung, bekannt aus dem Film „Thelma & Louise"

Theodora griech. „Geschenk Gottes"

Theora niederl. Kurzform von **Theodora**

Theresa/Theres/Theresia europ., von griech. „Sommer, Ernte"

Thirza niederl. Form von **Tirzah**

Thisbe Heldin aus der antiken Romanze „Pyramus und Thisbe"

Thomasina, weibl. Form von Thomas, aram. „Zwilling"

Thora weibl. Form von Thor, dem nord. Gott des Donners

Thorun / Thoruna skand. Kombination aus *Thor* und *unna* „lieben"

Thurid / Turid skand. Kombination aus *Thor* und *fridr* „schön"

Tia engl. Kurzform von Namen, die auf –tia enden; span. „Tante"

Tiaami engl. Kombination aus **Thea** und **Amy**

Tiada fries. Kurzform von Namen, die mit *Diet-* beginnen

Tiamat Name der babylon. Meeresgöttin

Tiana / Tianna engl. Kurzform von **Tatjana** und **Christiana**

Tiani griech./ägypt. „Prinzessin"

Tiara engl./griech. „Krönchen"

Tibby engl. Koseform von Tabitha

Tiberia lat., weibl. Form von Tiberius, „der vom Tiber"

Tienna romani; Variante von Tiana

Tiffany engl. mittelalterl. Form von Theophania, „Gotteserscheinung"; üblicherweise wurden Kinder, die am 6. Januar geboren wurden, so genannt

Tiger Name einer großen Raubkatze, wird - als Vorname - meist englisch ausgesprochen

Til niederl. Kurzform von **Mathilde**

Tilda engl./schwed./finn. Kurzform von **Matilda**

Tilly engl. Koseform von Matilda

Tímea / Timea ung.; von griech. *euthymiam* „gute Laune"

Tina / Tine Kurzformen von Namen, die auf -tina/-tine enden

Tindra schwed. „funkeln, blinken"

Tini Koseform von Namen, die auf -tina/-tine enden

Tinka serbokroat./russ./bulg. Verkleinerungsform von **Tina**

Tinkara slowen. Variation von **Tinka**

Timothea griech. „Ehre Gott"

Tinashe südafrik./shona „Gott mit uns"

Tinatin / Tinatini georg. „Licht"

Tiphaine frz. Variante von **Tiffany**

Tippi / Tipi engl. Koseform von **Tiffany** oder **Philippa**

Tiril norweg.; Phantasiename nach einem Gedicht von Johan Sebastian Welhaven

Tirza / Tirzah hebr. „günstig, vorteilhaft"

Tisa slowen./kroat./serb. „Eibe", Name eines Flusses, der durch Serbien, Ungarn, Rumänien und durch die Ukraine fließt

Titania Name der Feenkönigin in Shakespeares „Mittsommernachtstraum"

Tiziana ital., weibl. Form von Titianus, einem röm. Familiennamen

Tola khmer „Oktober"

Tolou samoan. „Verzeihung"

Tomke fries. Variation von **Tanne**

Tonka slowen. Kurzform von **Antonia**

Toni / Tony Koseform von **Antonia** und **Antoinette**

Tonia / Tonja / Tonya russ. Koseform von **Antonia**

Topas / Topaz dt./engl. Name eines Edelsteins, des Geburtssteins für den Monat Dezember

Tora skand. Variante von **Thora**

Torun / Toruna skand. Variante von **Thorun / Thoruna**

Tordis skand. Kombination aus *Thor* und *dis* „Göttin"

Tosca / Toska „die Toskanerin", Name der Hauptfigur aus Puccinis Oper „Tosca"

Toshi jap. „klug"

Tova hebr. „gut"

Tove norweg./dän./schwed. Variante von **Thorid**

Toya engl. Kurzform von **Victoria**

Tracy urspr. ein engl./norm. Familienname, „von lat. *Thracius*, „aus Thracien"

Triana span., von griech. „rein"

Tricia / Trish / Trisha engl. Koseformen von **Patricia**

Trina engl. Koseform von **Katrina**
Trinidad span. „Dreieinigkeit"
Trinity engl. „Dreieinigkeit"
Trixibelle engl. Kombination von **Trixie** und **Belle**
Trixie engl. Koseform von **Beatrix**
Trudy engl. Koseform von **Gertrud**
Tualairisch/gäl. „Prinzessin des Volkes"
Tuana türk./arab. „Der erste Regentropfen im Paradies"
Tünde ung. „Fee"
Tuva schwed./norweg. Variante von **Tove**
Tyla / Tylla turkmen. „Gold"
Tyra skand. Variante von Namen, die mit Thor- beginnen

Ula poln. Kurzform von Urszula
Ulla skand. Koseform von **Ulrike**, **Ursula** oder **Hulda**
Ulrika / Ulrike germ. „Wohlstand und Macht"
Uma ind. „Flachs"
Umi jap. „Meer, Ozean"
Úna / Una gäl. „Lamm"
Undine Name weiblicher Wassergeister
Undis altnord. „Göttin der Liebe"
Unna altnord. „Liebe"
Unnati ind. „Fortschritt, Entwicklung"
Urania griech. „himmlisch", griech. Mythologie, eine der neun Musen, Göttin der Astronomie und Astrologie
Uriela ital./hebr. „Gott ist mein Licht"
Ursina / Ursine dt./frz. Variante von **Ursula**
Ursula skand. „kleiner Bär"
Ursuline Verkleinerungsform von **Ursula**
Uschi Koseform von **Ursula**
Usha ind. „Morgendämmerung", Name der hinduist. Göttin der Morgenröte
Uta / Ute / Utta germ. „Reichtum, Wohlstand"
Uxia galiz. Form von **Eugenia**

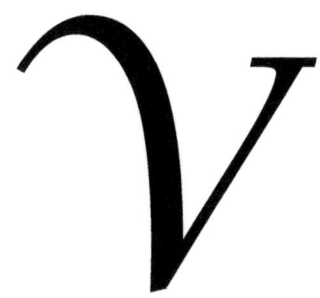

Vada Variante von **Veda**
Valdis altnord. „Göttin der Toten"
Valentina / Valentine lat. „die Starke"
Valeria lat. „die Starke"
Valerie / Valérie frz. Form von Valeria
Valeska / Valesca Verkleinerungsform von **Valeria**
Vana mazed. Kurzform von **Ivana** und **Jovana**
Vanadis altnord. „Göttin der Wanen", Wanen sind nord.
Götter des Herdfeuers und des Ackerbaus
Vanessa engl. Zusammensetzung aus der Vorsilbe *Van-*
und **Esther**
Vanna ital. Kurzform von **Giovanna**
Varuna hinduist. Gott des Wassers
Vasuda ind. „Wohlstand gebende", anderer Name für
die Erde
Veda ind. „Wissen"
Veer / Veera niederl./finn. Varianten von **Vera**
Vedanti nach *Vedanta*, ind. „Ende des Wissens"
Vega Name eines Sternes in der Konstellation Lyra;
arab., „der herabstürzende Adler"
Velana / Velanna Name einer Figur aus dem
Computerspiel Dragon Age
Velia ital., nach dem röm. Familiennamen *Velius*, lat.
„verborgen"
Velvet engl. „Samt"

Venetia ital. Name von Venedig, einer Stadt in Italien
Venice engl. Name von Venedig
Venla finn., von germ. *wandal*, „Vandale"
Venora engl. Kombination aus **Verena** und **Nora**
Venus lat. „Liebe", Name der röm. Liebesgöttin (griech. **Aphrodite**)
Vera slaw. „Glaube"
Verena lat. „die Wahrhaftige"
Verna engl. von lat. *vernus*, „Frühling"
Verona ital., Name einer Stadt in Italien
Veronika / Veronica lat. „Das wahre Bildnis", Variante von **Berenike**
Veronique frz. Form von **Veronika**
Veruschka russ. Verkleinerungsform von **Vera**
Vesta Name der römischen Göttin des Herdfeuers
Veva engl. Koseform von **Geneviève**
Viana / Vianna / Viane / Vianne Kurzformen von **Vivianne**
Vibeke dän./norweg. Form von **Wiebke**
Vicky / Vickie engl. Kurzform von **Victoria**
Victoria / Viktoria lat. „Sieg"
Victoire frz. „Sieg", frz. Form von **Victoria**
Vida span. „Leben"
Vidana span. Kombination aus **Vida** und **Ana**; Name einer Stadt in Kirgistan
Vienna engl. Name der österr. Hauptstadt Wien
Vigga dän., von altnord. *vig*, „Schlacht, Kampf"
Vilde skand. Kurzform von Alfhild, „Kämpferin"
Vina ind. „Laute"; span. „Weinberg"
Viola lat. „Veilchen"
Violet engl. „Veilchen", lila Farbton
Violetta / Violette ital./russ./frz. Verkleinerungsformen von **Viola**
Virginia / Virginie engl./frz., von lat. „Jungfrau"
Virpi finn. „Junger Baum"
Vita lat. „Leben"
Viva lat. „lebendig", span. Ausruf „Er/sie lebe hoch!"

Viven engl. Variante von **Vivian**
Vivian / Vivien engl. Formen von **Viviana**
Viviana / Viviane lat. „lebendig"
Vivianne / Vivienne frz. Formen von Viviana
Vivika / Vivica schwed. Form von Wiebke
Vola „Friedensstifterin", weibl. Form von Volodya
Vreni bayr./schweiz. Kurzform von Verena
Vroni bayr./österr. Kurzform von Veronika

Walda niederl., von germ. *wald* „Anführer, Herrscher"
Wanda von altdt. „Wende" für in Postdeutschland lebende Slawen
Waris somali „Wüstenblume"
Warja Koseform von russ. Warwara, **Barbara**
Wasa skand. Name eines schwed. Königshauses des 16./17. Jh.
Wassilissa russ., weibl. Form von Wassili, griech. *Basileios*, „König"
Weda fries. Kurzform von Namen, die mit germ. *wid*, „Holz" beginnen
Weike fries. Kurzform von Namen, die mit germ. *wig*, „Krieg" beginnen
Welda germ. „Anführerin"
Wemke fries. Kurzform von Namen, die mit Wil- beginnen
Wemkelina fries. Erweiterung von **Wemke**
Wencke / Wenke norweg., von germ. *win*, „Freund"
Wendy engl., von germ. *win*, „Freund"
Whitney nach einem Familiennamen, altengl. „weiße Insel"
Whoopi Künstlername einer bekannten US-amerik. Schauspielerin, Whoopi Goldberg
Wiebke fries. „die Kriegerische"
Wilhelmina / Wilhelmine germ. „Wille und Schutz"

Willow engl. „Weide"

Wilma Kurzform von **Wilhelmina**

Winnie engl. Koseform von Winifred, altengl. „Freund des Friedens"

Winona / Wynona indian./dakota „Erstgeborene Tochter"

Winter nach der Jahreszeit

Wolke fries. Koseform von Namen, die mit Wal- beginnen, von germ. *valdan* „herrschen"

Wunna germ. „Wonne, Freude"

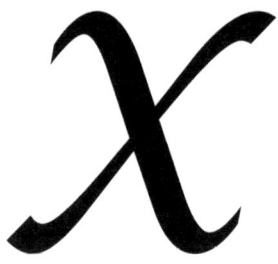

Xandra niederl. Kurzform von Alexandra
Xania Variante von **Xenia**
Xanthe griech. „helles Haar"
Xanthia engl. Form von Xanthe
Xanthippe Name der streitsüchtigen Frau des
Philosophen Sokrates
Xara engl. Variation des Namens **Zara**
Xaveria bask. „das neue Haus", weibl. Form von Xavier,
dieser war ein portugies. Missionar, der im 16. Jh. in
Ostasien tätig war
Xaverina / Xaverine Nebenformen von **Xaveria**
Xea Kurzform von Xenia
Xelia Kombination aus **Xenia** und der Endung -*lia*
Xena Variante von Xenia
Xenia griech. „Gastfreundlichkeit"; Kurzform von
Eugenia
Xiana galiz. Form von **Juliana**
Ximena span./bask. Form von **Simone**; Name der
Ehefrau von El Cid
Xoxo Netzjargon „Küsse und Umarmungen"
Xyla / Xylia engl., von griech. *xylo*, „Holz"

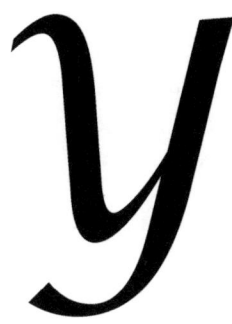

Yaara / Yara hebr. „Geißblatt"
Yaarit hebr. „Wald"
Yada thail. „die Philosophin"
Yadana / Yadanar burmes. „Edelstein"
Yael hebr. „Bergziege"
Yaeli hebr. „Steinbock"
Yaelle frz. Form von **Yael**
Yaffa hebr. „schön"
Yagmur türk. „Regen"
Yakira hebr. „kostbar"
Yalda pers. „Wintersonnwende"
Yalina arab. „die Zarte"
Yalou chines. „grün"
Yama jap. „Berg"
Yamai / Yamei indian./mapuche „Vereinbarung"
Yami ind. „Paar"
Yamikani südafrik./chewa „dankbar sein, lobpreisen"
Yamina arab. „Rechte Hand"
Yamira ind. „Mond"
Yamuna ind. „die erste Frau der Menschheit"
Yana bulg./ukrain. Form von **Jana**
Yanessa engl. Variante von **Vanessa**
Yania erw. Form von **Yana**
Yanisa engl. Variante von **Yanessa**
Yanira span. Form von **Janira**

Yanita Verkleinerungsform von **Yana**

Yanna griech. Form von **Gianna**

Yanti Name der hinduist. Muttergöttin Parvati

Yaren türk./pers. „Freundin, Gefährtin"

Yasmin / Yasmina / Yasemin pers. „Jasmin"

Yemai / Yemaya afrik. „klug"

Yela Indian./cherokee „Sonne"

Yelda türk. „Wind"

Yelena russ. Form von **Helena**

Yelin arab. „schön"

Yelina griech. „strahlend", Variation von Helena

Yeliz türk. „schön, hell, luftig"

Yeni nigerian./yoruba „in guter Verfassung"

Yesenia Name einer Baumart in Südamerika

Ygritte Figur in der Fernsehserie *Game of Thrones*

Yildis / Yildiz türk. „Stern"

Yin chin. „Silber"

Ying chin./hmong „glänzt wie Edelsteine"

Ylaria Variante von **Hilaria**

Ylenia ital. Variante von **Ilenia**

Ylva skand. „Wölfin"

Ylvi / Ylvie Koseform von Ylva, „kleine Wölfin"

Yinthe niederl./fries. Variation von **Jinte**

Yoana bulg. Form von **Johanna**

Yoko jap. „Meereskind"

Yola Kurzform von Namen, die mit Yol- beginnen

Yolana tschech./slowak. Form von **Yolanda**

Yolande altfrz./lat. „Veilchen", vom Namen Violante abgeleitet

Yolantha / Yolanthe Varianten von **Yolande**

Yolin Variation von **Joline**

Yoma aram. „der Tag"

Yonka slaw. Kurzform von **Marjonka**

Yonit hebr. „Taube"

Yoshi jap. „Glück"

Yoshiko jap. „schönes Kind"

Yoshimi jap. „Schönheit"

Yousra arab. Wohlstand"
Ysolt / Iseult altfrz. Formen von **Isolde**, bekannt aus dem Gedicht Tristan und Isolde
Yuki jap. „Schnee"
Yukiko jap. „Schneekind"
Yuma jap. „anmutige Tänzerin"
Yumai hind. „besinnungslos"
Yumi ind. „Schönheit"
Yuna kelt./bret. „Lamm", Variante des Namens **Úna**
Yusra arab. „Wohlstand"
Yvette frz., von germ. *iv* „Eibe"
Yvonne frz., von germ. *iv* „Eibe"

Zaara / Zara engl. Varianten von **Zaïre**
Zabel / Zabelle armen./frz. Form von **Isabelle**
Zabou frz. Koseform von **Isabeau**
Zada arab. „die Glückliche"
Zafira / Zafirah arab. „Erfolg"
Zahai afrik. „Sonnenschein"
Zahara / Sahara hebr. „Licht, Glanz"
Zahida arab. „die Fromme"
Zahra / Zahrah arab. „schöne Blume"
Zaida arab. „erhöhen"
Zaina / Zeina arab. „die Anmutige"
Zainab / Zaynab arab. „die Schöne", Name eines duftend blühenden Baumes
Zaïre Name der Titelheldin in Voltaires Tragödie „Zaïre"
Zala slowen./bulg. Form von Rozalija, „die Rose";
pashto „Glanz"
Zalona bulg., erweiterte Form von **Zala**
Zana slowen. Form von Gianna
Zara / Zarah engl. Form von **Zaïre**
Zehra türk. Form von **Zahra**
Zeena engl. Kurzform von **Zenobia** oder **Zenaida**
Zeinab / Zeynep pers./türk. Formen von Zainab
Zelda engl. Kurzform von **Griselda**
Zelia / Zelie Kurzform des bibl. Namens Azaliah,
Variante von Celia

Zema äthiop./amhar. „Melodie"

Zena Kurzform von Namen, die mit Zen- beginnen

Zenaida / Zinaida von griech. *zenais*, „Zeus" abgeleitet

Zenaïde frz. Form von **Zenaida**

Zenobia altgriech. „Leben des Zeus"

Zenzi dt. Koseform von Crescentia, „die Wachsende"

Zephora Variante von **Zipporah**

Zerafina / Zerafine / Zeraphina / Zeraphine Varianten von **Seraphina**

Zeta griech. Buchstabe

Zia arab. „leuchten, glühen"

Zilan kurd. „Wind, Sturm"

Zilla / Zilly dt. Kurzformen von **Cecilia**

Zina russ. Kurzform von **Zenaida**

Zinet kurd. Form von **Zainab**

Zinka kroat. Koseform von Terezina, Agnezina oder Rozina

Zinnia dt./engl. Name einer Blume, „Zinnie"

Zippi Koseform von Zipporah

Zipporah hebr. „Vogel", bibl. Name der Frau Moses* und Tochter des Priesters Jethro

Ziska dt. Koseform von **Franziska**

Zita toskan./ital. „kleines Mädchen"; poln. Kurzform von **Felicyta oder Teresa**

Ziva hebr. „strahlend"

Zizi Koseform von **Cecilia** oder **Felizitas**

Zlata slaw. „golden"

Zoe / Zoé / Zoë griech. „Leben", von hellenisierten Juden auch für **Eva** verwendet

Zoey / Zooey engl. Variationen von **Zoe**

Zohar hebr. „heller Glanz"

Zohra arab. Variante von **Zahra**

Zola nach dem frz./ital. Autor Émile Zola

Zooni ind. „Gläubige"; Variante von **Suni**

Zora slaw. „Morgendämmerung"

Zorka slaw. Verkleinerungsform von **Zora**

Zoubaida / Zubeida arab. „die Beste"

Zoya russ./ukrain. Form von **Zoe**
Zsa-Zsa ung. Koseform von **Zsuzsanna**
Zsuzsa ung. Kurzform von **Zsuzsanna**
Zsuzsanna ung. Form von **Susanne**
Zubaira arab. Koseform von **Zahra**
Zuhal arab. Name des Planeten Saturn
Zura georg./tschetschen „funkelnd"
Zula äthiop./eritr./tigrinya „die Strahlende"
Zuleika pers. „strahlende Schönheit"
Zulis Variante von **Sulis**
Zuma jap. „rennendes Pferd", südafrik./zulu
„überrumpeln"
Zümra türk. „Smaragd"
Zuri suah. „die Wunderschöne"
Zusan poln. Kurzform von Zusanna, **Susanne**
Zyla hebr. „Schatten"; Variante von **Xyla**
Zylia Variante von **Xylia**
Zyta poln. Variante von **Zita**